U0004483

從童年到退休，
超越極限和成就團隊的 *24* 種態度

柯比·布萊恩

用籃球挑戰人生

Kobe
Bryant

HBK 林聖淵──著

生活勵志 11

從童年到退休，
超越極限和成就團隊的 *24* 種態度

柯比·布萊恩
用籃球挑戰人生

Kobe Bryant

HBK 林聖淵——著

國內各界熱血好評

如果說，想要了解柯比一生的故事，一共有24種最好的方式，那在這些選擇之中，你可以期待HBK做出的嘗試。

——周汶昊　運動專欄作家

柯比的籃球，是一代人的共同記憶，而HBK的文字，是這一代人的共同文本。

——紀坪　《NBA X MBA》作者

HBK用富有溫度和情感的文字，交織出柯比傳奇的一生，故事貫徹了黑曼巴「堅韌成就非凡」的精神，使人再度憶起心中的英雄。

——10N　NBA籃球YouTuber

HBK是一個真誠的人，在這本書中透過許多細節和深層的面向，描述柯比傳奇的一生。每個人都能帶著「曼巴精神」努力堅持自己的信仰與夢想！

——TheAnswer0729　台灣NBA2K冠軍

或許你自認對人生付出極大努力，沒成功只好認命。看完此書，明瞭柯比的執著，你會發現，你的投入根本少得可憐。

——徐展元　體育主播

柯比的一句經典名言「愛我或是恨我」，對照在死忠鐵粉的HBK身上真是再適合不過。一路以來見證HBK多年對於籃球寫作與社群經營的狂熱與用心，無論是面對支持他的粉絲或是討厭他的酸民，他仍舊秉持初衷繼續做好自己，恭喜他完成了夢想，呈現給大家這24則的精采故事。

——楊東遠　運動視界主編

柯比曾說，偉大的定義在於如何影響你身邊的人，且讓影響力不斷傳下去，而不單是你生死所擁有的東西。讓我們一起從偉大球員的身上學習偉大，因為，每個人都可以學習成為偉大。

——楊德恩　台灣品格籃球協會創辦人

目次

柯比的曼巴精神和人生態度

　　能夠寫一本關於柯比・布萊恩的書，真的是我HBK人生的夢想！

　　老實說，我從沒想過自己會有機會出書。我不是什麼國文科班出生，也沒有特別的寫作天分，甚至以前學生時代對於寫作文相當排斥，每次不管什麼題目都能搞得我一個頭兩個大，不知該如何下筆。所以，如今從一名專欄作家，透過文字累積四十幾萬粉絲，再到出一本自己想寫的書，這一切完全都是始料未及、讓我覺得很神奇的一件事情。

　　這也說明了只要肯努力不懈、願意堅持到底去做一件事情，任何人都有可能完成自己的夢想！發明天才愛迪生就曾講過一個成功的公式：「成功＝1%的天才＋99%的汗水」，只要具備這樣的條件，任何人都有追夢的機會，我就是這樣的過來人。

　　曾有不少粉絲問我，他們怎樣才能受到關注，寫出令人有共鳴的文章？對於這樣的問題我總會說：「我從不認為我文章寫得特別好，比我專業的人多得是。但我可以很自豪地說，很少人像我當年寫得如此瘋狂，彷彿到了走火入魔的地步。就是

帶著狂熱與享受的態度去寫就對了！不用在意有沒有人看，或是外界是喜愛或討厭。」

把想傳遞的價值觀、故事、精神和態度宣揚出去，藉此影響到一些同道中人，我認為這就足以得到無比的成就感，並且更加樂在其中，猶如自燃式地把熱情與鬥志愈燒愈旺，就此建立了一種類似信念的意志力。

從二〇一一年開始經營 Facebook 粉專後，我養成每天寫文、貼文的習慣幾乎維持了九年之久，就連在外出遊吃飯或是出國，我都一定會帶著筆記型電腦隨時找空檔撰寫短文，一天沒有產出文章就像要了我的命似的，身邊的親朋好友都認為我瘋了，也一度因此而忽略了家人，一股腦活在自己的 NBA 文字世界中。

這點真的得感謝身邊的人能夠長期體諒與忍受，縱使有些摩擦卻也始終願意做為我的後盾。而且我也必須承認，如果沒有如此狂熱忘我，持續努力為平凡增添亮點，聽從自己內心的聲音，做自己想做的事情，我也不可能有現在的高度，讓許多人不吝嗇、不嫌棄地支持我。

而我會有這樣極端的過程，具備這樣屹立不搖的態度，全然都是深受柯比‧布萊恩的影響！

柯比的曼巴精神感染著成千上萬的球迷，不管愛他或恨他的人，都很難不被他偏執狂、桀驁不馴、永不妥協、不肯言敗

的人格特質給深深吸引。更別說他成功的背後是付出令人難以想像的努力與堅持，且對於籃球的摯愛以及比賽的好勝心都不言而喻，他就像是天使與魔鬼的綜合體，在職業生涯期間永遠是聯盟的焦點人物與看板，舉手投足都充滿話題與無窮的魅力。

除此之外，柯比最令我欽佩與感動的，是他相當真實不做作，始終做自己、相信自己所走的路，選擇一條極為困難的人生之道。而這條路必定會相當崎嶇不平、有著數不盡的重重阻礙，但他具備驚人的實踐力與不可思議的勇氣，在那裡義無反顧地披荊斬棘，且不畏懼、不在意任何批判與閒言閒語，彷彿征服挑戰就像是他的天性。

不管是球員時期或是退役後，柯比都自信滿滿逆流而上，既然要做，就唯有成功一途，別無他想，就如其一句名言所說：「如果你害怕失敗，那你很有可能會失敗！」這正好說明他的職業生涯之所以如此堅韌不拔的原因。

柯比的職業生涯就像是一部高潮迭起的好萊塢電影大作。

很早他就光芒萬丈、勇奪三連霸，更是被冠上喬丹的首席接班人，成名甚早且名聲享譽國際，很快就成為聯盟的當紅炸子雞。但所謂有光必有影，也沒有永不敗的常勝軍。對於柯比而言，低谷與打擊也形影不離，這讓其職業生涯與人生就像坐雲霄飛車一樣有高有低，永遠處在挑戰的漩渦中，就如王道漫

書的主角般享受這樣的情節。讓人驕傲的不是從未跌倒，而是不斷有站起來的勇氣，就連離開人世都非常戲劇化，令人痛徹心扉。

在這本書中，我試圖讓大家回顧柯比·布萊恩為何這麼撼動人心，吸引無數人成為曼巴信徒，渴望像他一樣不畏懼任何嚴峻挑戰。無論面對多大困難，柯比都堅持到底尋求克服，從小就開始超越極限，越級打怪，用那讓人又愛又恨的態度進而建立起這樣傳奇偉大的一生。

柯比絕對是影響我最深的運動員，他已超越籃球的本質，激勵了我的人生。同時，他也有著NBA歷史上獨一無二的形象與魅力，我認為未來很難再有像他這樣極端的狂人了。

希望閱讀本書的你們，也能被他感染，讓自己變得愈來愈好，離自己所編織的夢想愈來愈近，我相信可以的！而傳遞他的曼巴態度，就是當初我寫文章的初衷，也是我的籃球浪漫，很榮幸獻給你們。

Lesson 1

勇於做夢

想要成為NBA球員，踏上這至高無上的籃球殿堂有多難？

NBA聯盟總計三十支球隊，每一隊都需要填滿十五人開季名單。如此換算下來，一個賽季開啟將只有約四百五十名球員能夠登錄在聯盟開季名單；假使再細算能夠上場擠入球隊輪替戰力，真正在這籃球最高殿堂上揚名立萬、打出名堂的人，更加少之又少。基本上能夠成為顧開特力*、遞毛巾的替補球員都是令人驕傲的。

全世界成千上萬名籃球員都在爭取列名這四百五十人名單。先不管美國在高中與NCAA（美國大學男子籃球錦標賽）戰場的競爭有多激烈，還有無數海外國家如歐洲、亞洲、非裔的球員對這夢幻舞臺的憧憬，成為NBA球員對於許多熱愛籃球的孩子們來說簡直是遙不可及的夢想，說出口甚至會被當成笑話來看。

---

* Gatorade，美國運動飲料品牌，長久以來為NBA指定運動飲料，球員板凳席旁可以看到裝有開特力的大桶子，因此顧開特力通常指的是場下坐冷板凳的球員。

「我要成為NBA球員！我一點也不是在開玩笑，這是我要完成的夢想！」柯比‧布萊恩如是說。

從小，柯比就看著父親喬‧布萊恩（Joe Bryant）在NBA賽場上拚搏。喬沒有與眾不同的天賦，只是球隊替補的角色球員*，上場就是做足苦力拚搶籃板，做好防守，可說是在NBA底層努力求生的配角。但光是能夠擠進家鄉費城七六人打球，就已經讓他滿懷感恩的心。

儘管父親只是一個小咖，不像他的隊友，從ABA合併而來的「J博士」朱利葉斯‧厄文（Julius Erving）那般光芒萬丈，總是能夠讓球迷如痴如醉、為之瘋狂，可謂籃球場上真正的超級巨星。但在柯比眼裡，父親喬仍是他心目中的籃球英雄，戰戰兢兢為球隊全力以赴，做好自己分內的工作，為家庭的生計奮鬥，積極替家人爭取良好的生活環境。即使不是大人物又如何？即使在各球隊輾轉流浪、甚至失去NBA舞臺又怎樣？因為喬的緣故，柯比三歲時就與籃球結緣，籃球也因此成為他一生最親密的朋友。

朱利葉斯‧厄文

假使要說聯盟第一位最具指標性的飛人始祖，則非朱利葉斯‧厄文（暱稱「J博士」）莫屬。他在一九七○年代帶來

---

* Role Player，能力不如當家球員那樣出類拔萃，卻是稱職的輔助球員，定位上包括射手、搶籃板或防守苦力等。

飛天遁地的觀賞性，球迷首度了解何謂違反地心引力的定格畫面。與此同時，厄文可不只是會飛翔，其餘技術也非常全面，在 ABA 時期即拿下三座得分王，場均籃板 10 ＋助攻 5 ＋是基本配備，還拿下兩座總冠軍頭銜，說他是 ABA 最偉大的球員絕不誇張。

來到 NBA，厄文依舊是巨星地位般的存在，七六人也因為他走入盛世，並在一九八三年成功奪得隊史第三座冠軍。

厄文影響了很多飛人型的球員，麥可‧喬丹就是其一。要是將 ABA 時代的數據也一起累加統計的話，厄文會是聯盟第二位跨進 30000 分領域的傳奇，僅次於張伯倫（Wilt Chamberlain）。

　　柯比五歲的時候，就許下了追隨父親腳步挑戰 NBA 的願望。那時許多人都認為這孩子只是童言童語，畢竟人們很清楚要踏進這個籃球最高殿堂有多麼困難，就算父親喬是 NBA 的球員，但實際上資質平平，球員生涯履歷也很普通，讓人不得不認為柯比這孩子有什麼能耐做這場夢。

　　就連父親喬與母親帕梅拉（Pam Bryant）起初都沒將兒子的豪語當一回事。做為過來人，就深知這是多艱難的挑戰。NBA 這條籃球之道可不是隨隨便便能夠順利向前的一條路，路途中肯定充滿荊棘。除了周遭數不清的競爭者，還要考慮天賦與後天的努力，以及不可確定性極高的傷病問題和際遇等影響因素。

　　更關鍵的是，喬為了繼續打籃球，已經從費城輾轉到加州

的聖地牙哥，接著又到德州的休士頓；之後由於NBA職業殿堂的大門已對他關上，最終決定離開美國，帶著全家搬到陌生的國度義大利，這裡可是籃球文化扎根程度完全無法與美國相提並論的國家。

從美國到義大利

在義大利，人們熱烈討論的運動是足球。人們風靡AC米蘭、尤文圖斯等足球俱樂部。相較之下，洛杉磯湖人、費城七六人、波士頓塞爾提克這些美國職籃球隊在當地既沒有轉播、民眾也不熱衷，街頭的孩子多半也踢足球；父親喬加入的義大利籃球俱樂部無論實力、競爭性和鎂光燈都難以和NBA同日而語。

嚴格來說，當柯比與家人離開美國，也就與他的NBA籃球夢漸行漸遠。一方面大環境下確實不適合發展；而除了能吸收的籃球養分遠不如美國本土，還有很多等待他克服的課題，比如適應語言和當地文化，這對一個年僅六歲的孩童來說絕非易事。

回憶起當時，柯比曾說：「搬到一個陌生的國家迫使我學會適應。我不能固執不知變通，得強迫思想更靈活，學習並主動接受各種變化。儘管如此，當時年紀還小的我仍感到惶恐。」

來到義大利，柯比與姊姊夏莉雅（Sharia）和夏雅（Shaya）在語言完全不通的情況下，幫助彼此學習，每天一放學就積極

練習義大利語，融入日常生活中運用，即使在家裡仍強迫自己不說英語，還因此鬧出不少笑話。柯比說：「當我們真的不知道該怎麼說，就比手畫腳起來，彷彿在手舞足蹈。我們很幸運，來義大利時的年紀還小，樂此不疲享受其中，而且上的小學也會教授基礎語言。」

遠渡重洋到義大利，讓柯比看似距離他心儀的NBA殿堂更加遙遠，也得花更多時間學習適應，但這並沒有澆熄他做夢的熱情。他不像一些孩子很快就忘記了自己的目標，反而更受激勵要在不被看好下證明給大人們看。「我從小就很好強，當別人愈不看好我，我就愈想做到。那時在義大利，大家都將我要成為NBA球員的目標看成笑話，但我內心很清楚，我要做到！」柯比這麼說。

不如說來到義大利生活，反而加深了柯比企圖闖進NBA的渴望，在這般不友善的環境下更激發出他的潛力與上進心，同時確認自己多麼熱愛籃球。所以柯比一直很珍惜且深深懷念兒時待在義大利的時光，甚至視為第二家鄉，這不是沒有原因的。在異鄉，他很清楚自己逐漸茁壯成長，尤其是那股深植於內心的意志力。

柯比談到在義大利成長時的經歷時說道：「回想起來，義大利的生活是很棒的一段經歷。而我很慶幸我能在那裡成長。每當有人問我國外的生活能否造就性格更堅韌時，我的答案都是肯定的。絕對有幫助。因為你自小就得學會適應環境，學習交流，以及釐清自己想成為什麼樣的人。因此你會讓自己變得

更堅強，並且懂得消除內心的恐懼。」

　　柯比勇於做夢的決心令人印象深刻。他年紀很小就整天抱著籃球到處跑，像個小跟屁蟲一樣總在父親喬進行訓練時跟在一旁，耳濡目染義大利職業球員練習；比賽時也不忘坐在觀眾席情緒激動地高喊「加油」，全然沉浸在籃球的世界中。歐洲籃球很要求籃球的基本功，對於花俏的招式根本不屑一顧。這也讓柯比不像美國那些熱衷於在街頭球場大秀特秀的年輕人，比起許多同齡孩子打下了更好的基礎。

　　看著柯比如此熱愛籃球，漸漸嶄露天賦、忘情地享受成長，並且從未忘記自己的NBA夢想，喬與帕梅拉也正視起兒子的想法。於是他們按部就班地支持孩子的夢想，讓柯比能夠無後顧之憂朝目標邁進。

　　談到父母的教育，柯比表示家人持相當開放的態度，不管孩子做什麼都給予鼓勵。剛到義大利時，喬一度詢問柯比要不要考慮練足球，畢竟歐洲盛行足球，是一個適合努力的目標。然而對於自己的選擇，柯比則說：「父母提供我選擇各項運動的機會。我打過橄欖球、棒球，還練田徑，來到義大利自然也入境隨俗踢起足球。但是從沒有一項運動能像籃球一樣帶給我快樂，打籃球總是讓我很開心，所以我想一直打下去。這也是我堅持至今的理由。」

　　還有一個原因，更是激出了柯比想成為NBA球員的鬥志。那就是兩個姊姊夏莉雅和夏雅總愛打擊他的夢想。受到父

親喬的影響，夏莉雅和夏雅從小就愛打籃球，球技也相當出眾，連一般同齡的男孩都不容易打贏她們，年紀還小的柯比根本不是對手。柯比小時候常在籃球場上被兩個姊姊狠狠慘電一番，然後不甘心地流著眼淚回家。

為何會懷抱如此瘋狂的籃球夢？

柯比自承家人與環境對他影響很大，激發他勇於做夢的基因，即使這條路並不好走他也甘之如飴。只要忠於內心最初的期許，過程中就會帶來無窮的動力。因此當柯比退役後，他仍不斷向年輕一代傳遞勇於做夢的重要性。

「勇於做夢，你的內心會對眼前的目標燃起勇氣，向前衝刺！這絕對比毫無目標、渾渾噩噩的人生好上許多。從小立下一個夢想，努力堅持下去，是一件很棒的事。不管最終成功與否，都會讓你成長。」柯比是這麼認為的。

回頭看柯比兒時的態度與信念，可以說他在籃球之路的崛起似乎是必然的。年幼時一個冉冉升起的籃球夢，在心中燃燒並推升自己。那是他很早就為自己的夢想栽下的幼苗，腳踏實地一步一腳印萌芽長大，愈發清晰明朗地鋪就自己要走的路。

夢想就是這樣的存在。追逐的過程中予人不斷超越極限的企圖心，直到心中描繪的藍圖成為現實。那是個能讓你堅持下去、放手一搏的道路。倘若你沒有夢想，也將失去努力的方向與尋求進步的意義，終究隨波逐流，被動地尋覓人生安身之處，放棄創造屬於自己的人生的機會。

如同華特・迪士尼（Walt Disney）一句名言：「我能夠成功，是因為我勇於做夢。只要你有夢想，你就做得到。別忘了迪士尼就是從一個夢想與一隻老鼠開始。」

　　柯比・布萊恩正是一個勇於做夢的絕佳案例。

Lesson 2
相信自己

　　一直以來，柯比那滿滿的自信形塑出他自然流露於外的霸氣。他擁有「相信自己」的強烈人格特質，這也是他日後成為NBA超級巨星的一個很大的原因。唯有如此才能度過各種試煉，不因妄自菲薄而給自己停下腳步的空間。這不僅僅是促使他不斷精進的特質，也是追逐夢想必備的動力。

　　「當我確立自己的夢想時，我要做的就是相信自己做得到。這樣的想法能讓我想變得更強，想擊敗那些阻礙在我眼前或是不認同我的人。這也是成功最基本的要素。」柯比的信心就是這麼堅定。

　　柯比無論身處哪個階段，都會積極灌輸自己這樣的信念，然後毫不猶豫地高舉內心這面旗幟南征北討；即使面臨宛如天塌下來的巨大挫敗，「相信自己」就是引領他繼續走下去的巨大支柱。而這樣的心態早在柯比年幼時就展露無疑，也是他撼動許多球迷的一大特質。

柯比六、七歲時就已勤奮地苦練籃球基本功，這是父親喬給予他的指導。他很清楚，想成為NBA球員絕對得打好基礎，這才是變強的根本之道。雖然練習基本功的過程乏味又無趣，但正因他相信自己能愈來愈強，於是如海綿般不斷吸收，努力不懈堅持下去。這形成一股推動他前進的無形動力，讓他加速成長、超越他每個時期的對手。而那一次又一次的超越，也正是他籃球之路各階段的跳板。

九歲時，柯比就相信自己早晚有一天能夠擊敗父親喬，整天掛在嘴邊就是要打倒父親，不停向父親下戰書一決勝負。只不過現實是殘酷的，年幼的他明顯不是對手，他只好轉移目標，先將姊姊夏莉雅和夏雅視為要擊敗的對手。

一次次挑戰過程中雖然依舊以輸球收場，但這並未擊潰柯比相信自己的信念。既然打不贏，就繼續精進自己，直到能分庭抗禮的一刻。這也促使他四處找人挑戰累積經驗與戰果。到最後，他們一家居住的義大利社區中，同年齡男孩慢慢地不再是他的對手。柯比找不到人比賽，就獨自在球場上卯起來練球。

「在義大利，像我一樣那麼瘋狂著迷於籃球的小孩並不多，他們普遍熱愛足球。所以每當我在籃球場上稱霸找不到對手時，有些人會找我PK足球，想藉此討回面子。但我可不喜歡輸的感覺，因此在足球上也有一定的基礎，也漸漸喜愛足球這項運動。不過籃球永遠是我的最愛。」

由於渴望尋找對手，登上競爭舞臺切磋技藝，柯比十歲之

後，喬在每個夏天歐洲職業聯賽賽季結束時，會帶兒子返回美國費城家鄉度過短暫的暑假。那段期間，柯比參加許多籃球訓練營，費城有個實力頗為堅強、以高中和大學生為主的桑尼希爾聯盟（Sonny Hill League）就是他主要征戰之地。

回到美國，柯比深切感受到這裡的對手在競爭力與實力上遠遠超出義大利。過往隨便一個變換節奏、假晃或是換手運球過人就能擊破對手防線、揚長上前進攻籃框的情況少了許多；反而常被識破擋下，甚至被迫只能在外圍強行出手投出一個三不沾的麵包球＊。

「兒時返回家鄉參加籃球訓練營是我最期待的事。美國有很多強者，我能在這裡不斷提高籃球技巧。過程中我能打倒很多人，也有人能打倒我，但這絲毫不影響我相信自己將成為日後最出色的球員之一。」回憶起當時，柯比曾自豪地說。

正因為他這股天不怕地不怕的超凡自信，柯比在訓練營讓許多人留下深刻的印象。即使面對當地同樣是頂尖籃球少年的亞倫・麥基（Aaron McKie）、唐耶爾・馬歇爾（Donyell Marshall）、鮑伯・蘇拉（Bob Sura）與拉席德・華勒斯（Rasheed Wallace）（這些人後來也都進入 NBA），他毫無畏懼，盡情享受競技的過程。即便當時還技不如人，加上年齡較小、身材劣勢等因素，柯比依舊目光炯炯有神地站在場上。他

＊指「不沾板、不沾筐、不沾網」沒得分的籃外空心球。

相信自己唯有透過磨練與累積經驗，才可能成為聯盟中最閃亮的一顆星。最終沒有人能輕易擊倒他。

想要成為那百萬分之一

柯比後來談到桑尼希爾聯盟對他的影響，他說：「這裡是磨練自我的好地方，我從中獲益匪淺。頭幾年我在聯盟中飽受挫折，但我從未被打倒；相反地，我愈挫愈勇，我向外界、向我的家人展現我對於籃球堅持不懈的努力和信心。沒有人能改變我的夢想。」

當時發生一件趣事。

剛參加桑尼希爾聯盟的孩子都需要寫下一張志向卡，讓輔導員知道孩子未來想要做什麼。柯比當時寫的是「NBA」，輔導員還特別來關切他，希望導正他的想法。

桑尼希爾聯盟創辦的主旨並不是為了讓年輕人挑戰NBA。而是希望藉由這個夏季訓練營，讓費城的青少年享受運動的競爭與熱情，減少在街頭遊蕩或犯罪的機率。球賽只是手段，並非目的；希望孩子主動為自己規畫未來，而不是立志進入NBA。

因此輔導員希望柯比打消這個念頭，並直言進NBA的機率只有百萬分之一，應該要將未來放在職業籃球以外的事業，籃球當做興趣就好。然而即使輔導員就站在面前告知這樣的現實，柯比不僅沒有改變想法，反而更加自信地說：「我就是要成為那百萬分之一！魔術強森（Magic Johnson）做得到、麥

可・喬丹（Michael Jordan）做得到，為何我不行？我相信自己也做得到！」

魔術強森

人如其名！魔術強森的職業生涯一直帶有奇幻的色彩。

身為一名菜鳥完美組織球隊，並在總冠軍賽中代替自家天王中鋒扛起禁區，臨時客串上場還一舉奪下該年的FMVP，力挽狂瀾帶領球隊奪冠，至今只有魔術強森做得到。

而在湖人的生涯履歷中，他更是傳奇般的存在。不僅與賈霸（Kareem Abdul-Jabbar）一同替紫金大軍奪下五座歐布萊恩盃，還掀起「Showtime」的經典戲碼，以及他的招牌「No Look Pass」（不看人傳球）不知風靡當年多少球迷。他那令人眼花撩亂的傳球藝術是一九八〇年代NBA的魅力象徵。

魔術強森不只影響了湖人，他還和有著瑜亮情結的「大鳥」柏德（Larry Bird）共同將NBA發揚光大，成為全球化的根基，最後再由喬丹（Michael Jordan）掀起風潮，堪稱是拯救NBA商業的三巨頭之一。

魔術強森是湖人隊史最偉大的球員一，他的雕像也被立在加密貨幣網體育館（Crypto.com Arena，前史泰博中心）場外。他同時也是聯盟歷史上最偉大的控衛之一，具有極為崇高的地位。

柯比這段話展現出他無比堅定的信念，也等同再次宣誓他的夢想絕非兒戲。喬看到兒子以滿懷狂熱的態度面對競爭，積

極挑戰看似比他實力更堅強的球員，還對輔導員大談自己的夢想。他不禁回想起自己也曾以此為跳板，追逐內心的籃球夢，日後成為費城當地的最佳高中球員，勇闖NBA殿堂。儘管日後並未成為大放異彩的明星球員，卻也孜孜矻矻打著籃球養家餬口，支撐起一個家。

　　一路走來，喬愈來愈明白柯比比他更具天賦且真心熱愛籃球。尤其看到他在桑尼希爾聯盟的表現幾乎與費城當地菁英球員旗鼓相當；和比他年紀大的孩子比賽時，實力也完全不輸給對手，喬開始相信柯比要挑戰NBA的夢想絕非不切實際。喬曾於受訪時談到：「絕不誇張，桑尼希爾聯盟是巨星的踏板，能在這裡揚眉吐氣的孩子很多都在日後成為偉大的籃球員。柯比讓所有人看到了這樣的未來，哪怕他當時只是十來歲的孩子。」

　　同為桑尼希爾聯盟的球員，艾迪・瓊斯（Eddie Jones）也看出了柯比的過人之處。他是柯比最早在桑尼希爾聯盟結識的好友之一，兩人常在夏天膩在一起練球，年紀較長的瓊斯常吃驚於好友的自信與好勝心。瓊斯回想當時說道：「他明明才十二歲，但球技已經相當出眾，很多人都無力招架。他對於同齡的對手一點興趣也沒有，總抱著越級打怪的念頭。他就是這樣充滿自信。」

艾迪・瓊斯

艾迪・瓊斯一直是被低估的球員。他在整個職業生涯都是攻防兩端相當穩健的側翼好手，只可惜每當要在一支球隊展現領袖價值時，就會出現更天賦異稟的年輕人，比如湖人時期是從小認識的柯比，到了熱火則是韋德（Dwyane Wade）。

像瓊斯這種足以擔當球隊稱職第二號、第三號主力的角色，其默默奉獻的特質往往是球隊最棒的交易籌碼。原本來到熱火，一度要成為球隊絕對核心來衝擊東區，但誰也沒想到另一主將莫寧（Alonzo Mourning）因腎病而毀了所有計畫。

當熱火陷入困境時，瓊斯成為中流砥柱穩住球隊，等待韋德的茁壯與俠客到來。只可惜如同湖人時期，最終他都未能參與球隊奪冠的輝煌時刻。

然而瓊斯那聯盟全能側翼與防守大鎖的特質，讓許多球迷銘記於心，他也是一個時代至為頂尖的神偷手，抄截總數能排上 NBA 歷史第三十名。

於是瓊斯常陪柯比去挑戰大學生，看著不過十二、三歲的小鬼頭如異類般在場上奔馳，而且打得相當不錯！隨著比賽的次數變多，瓊斯表示柯比是他所見過最棒的少年球員，當時即認為未來很有機會在 NBA 與這傢伙碰面，沒想到最後兩人成了隊友。

就連長年在費城寫運動專欄的作家羅格爾（Herm Rogul），在柯比年紀輕輕進入桑尼希爾聯盟時，就從旁觀察其潛力，每年夏天都期待這名住義大利的小伙子前來參賽。他深受柯比那

相信自己的信念所吸引，之後更見證了一個傳奇的誕生。羅格爾曾寫道：「柯比剛參加桑尼希爾聯盟時，還很難看出他會成為一名NBA球員，更別說他是跳級來參加的學員。但從他那無比的自信，我相信這小夥子會成就其不平凡的特質；況且他每年都在進步，他的自信絕非只是嘴上說說，他會做給所有人看。」

柯比的人生正是典型的「言出必行」。假使做不到卻敢說「我做得到」，這種人就只是自信過剩，甚至自負過頭。然而柯比相信自己的態度與實踐，則成為他籃球旅途上持續鼓舞自己的動力；那是正向的樂觀主義，藉此提高人們的行動力，不因挫折或失敗停下腳步。倘若腦中淨是悲觀或失敗主義，想成功可比登天還難。因此「相信自己」的態度是成功的必備因子。

相信自己，是一種發自內心的力量。絕對不能輕忽這股力量，它帶來的影響可能比想像還來得巨大，不僅能改變自己，甚至能影響外界對你的看法。柯比像這樣一路走來感動許多人，讓無數人和他一樣相信這小子的籃球夢將會成真。

俗話有云：「先相信自己，才有機會讓別人相信你。」當身邊的人都願意堅定相信你的時候，你也會更相信自己，全力往夢想的大道前進。

Lesson 3
點燃狂熱

　　人生講白了，就是一場與自己內心宇宙的戰鬥。

　　狂熱是無窮的驅動力。它驅使人們不論身在高處或低谷，依舊保持能量衝鋒陷陣，不會因順風而懈怠，更不會因失敗受挫而動搖分毫的信念。他憑藉著一股狂熱跟世界逞強，跨越無數障礙，透過極盡執著的能耐蓄積能量與實力，這就是柯比由逞強而生極端的人格特質。

「他從來不懂『服輸』兩個字怎麼寫。他好勝的程度教人匪夷所思。」對於兒子柯比的性格，喬‧布萊恩早已習以為常。但他還是常對身邊的人這麼說，避免他們沒做好心理準備就被這狂小子一把逮住、纏著一對一單挑，而這可不是開玩笑的。

每次提到這些事，喬就不禁會心一笑。柯比於勞爾梅里恩高中（Lower Merion High School）大放異彩時，喬曾接受《費城論壇報》（Philadelphia Tribune）的採訪提到：「我完全不曾逼迫柯比打籃球。他從小就愛找我單挑，成天想著要贏過我，這正是他內心那顆狂熱的心不斷精進自己。當然，他每年在桑尼希爾聯盟的磨練也沒有白費。不是我幫他開了這條路，而是他憑著自身的熱情為自己開了這條路。他真心熱愛這項運動。」

更早之前，柯比的祖父就很清楚孫子對籃球那無與倫比的狂熱，一般人根本難以企及；連從小一起長大的兩個姊姊都深深感受到那股罕見的執著，並曾異口同聲地向媒體表示弟弟內心充沛的熱情。

「他才三、四歲就抱著迷你籃球不放，反覆嘗試運好那顆他還很難駕馭的球，然後沿著走廊帶球衝刺跳到跳跳床上，將球狠狠塞進約莫八呎（約244公分）高的籃框裡。柯比可是樂此不疲！」柯比的祖父接受資深體育作家羅格爾採訪時說道：「我過去希望他當上一名醫生，但他總說要像父親一樣打NBA。當我告訴他籃球員很辛苦時，他很開心地喊著：『爺

爺！籃球員本來就該竭盡全力奮戰，沒在怕累的！』」

　　柯比年紀還小時，身邊親友就感受到他對於夢想的狂熱，之後來到義大利，原以為他的熱情會因為環境轉變而消退，但完全沒有。柯比為了在熱衷足球的義大利延續他的籃球狂熱，總是拜託住費城的祖父母錄下NBA的賽事，等錄影帶累積到一定數量後再寄到義大利。

　　通常一次就寄來將近一個賽季超過半數的比賽，大約四、五十場，其中以洛杉磯湖人的比賽最多。儘管柯比口口聲聲說父親比魔術強森厲害，但他很清楚這位在洛城掀起「Show time」球風*、拿下好幾座冠軍，甚至第一年就勇奪FMVP**的傳奇控衛有多出色！於是下定決心要從他身上「偷取」很多技術。

　　回顧當年看錄影帶的日子，柯比曾打趣地說：「祖父母真的認真幫我錄了好多場比賽。除了NBA，還寄來《天才老爹》（The Cosby Show），讓我不致於與美國文化脫節。而那些比賽影片對於當時的我影響很大。」說起那個年代的明星球員帶給自己的影響，柯比說：「我每天反覆瘋狂地看著那些經典賽事。我觀察球員們細微的動作，從魔術強森（Magic Johnson）

---

* 指洛杉磯湖人隊於一九八〇年代締造的傳奇球風。包括關鍵人物魔術強森難以捉摸的傳球創意花招、華麗快速的進攻等，引領NBA開創神話般的黃金十年。
** NBA總決賽最有價值球員獎。魔術強森分別在一九八〇、八二、八七年獲得該獎項；柯比則於二〇〇九、二〇一〇連續兩年勇奪該獎。

到柏德（Larry Bird）＊，再到喬丹（Michael Jordan）與威金斯（Dominique Wilkins），然後將這些運用在自己身上。」

多米尼克‧威金斯

光從威金斯那「人類影片精華」（The Human Highlight Film）的綽號就可以揣想其打球風格肯定飛天遁地，常常成為新聞焦點，可說是一九八〇至九〇年代結合力與美的灌籃藝術家，其戰斧暴扣讓球迷很難不情緒沸騰。

但威金斯可不是只會灌籃，或只是和喬丹攜手在灌籃大賽掀起風雲，他同時也是那個年代最具得分破壞力的小前鋒，曾經連十個賽季場均得分至少 24 分以上，更於一九八六年賽季勇奪得分王，即便一九九七年賽季以三十七歲高齡回歸 NBA，也繳出場均 18 分的數據，生涯總計累積 26668 分，無疑是聯盟歷史上出色的得分武器之一。

遺憾的是，威金斯生存在許多同期傳奇的陰影下，比如喬丹、柏德都是他在東區難以超越的狠角色。不過在老鷹的隊史上，威金斯至今仍是僅次於派提特（Bob Pettit）的球隊圖騰人物。

　　柯比對錄影帶的研究有多瘋狂？父親喬就說：「他研究比賽樂此不疲的程度，比起我認識的任何一位 NBA 助理教練都還要認真。他總是欣喜地關注所有他想學習的細節。」

＊「東鳥」Bird 和「西魔」Magic 兩位膚色一白一黑的籃球員，分別是當年波士頓塞爾提克與洛杉磯湖人的指標球員。

柯比是怎麼做的呢？他會定格畫面或是以慢動作觀看，努力看清每個動作，然後拉著一旁的父親當導師，一有問題就追問到底；父親不在，他就獨自研究，絞盡腦袋記住每個動作，並將各種類型的球員特色剪輯精華，例如研究進攻就看喬丹，尋求組織串聯就看魔術強森，整個人沉浸其中。

「他最迷魔術強森！光是湖人隊的影片就看了無數次，成天喊著『Showtime、Showtime』。」父親喬笑著說道。當年幾乎沒有人不被魔術強森令人目眩神迷的傳球技術所吸引，那穿針引線的精準妙傳、彷彿背後長了眼睛的視野都讓柯比崇拜不已。這也牽起了他與洛杉磯的因緣，夢想有一天成為紫金大軍的一員，開創卓越的籃球員生涯。

柯比也曾談到魔術強森：「打從小時候，我房間的牆壁上就貼了很多NBA球員的海報，有喬丹、有魔術強森，魔術強森的海報最多。我還常穿他32號湖人球衣，他是我小時候的偶像，也是我最初愛上湖人的原因。」

但柯比並非僅僅是看完一場精采比賽就心滿意足的球迷，他享受的是上場奔馳。他透過上場實戰，練習他心儀的動作，去算腳步、節奏，以及施展的時機與流暢度，將那些他心目中名將的場上武器收納到自己的武器庫中，努力改良並廣泛運用在比賽中。這一直是他在球場上的樂趣與挑戰。

只是當年在義大利，他很難找到同齡的對手，更別說義大利人大多風靡足球，所以柯比總是獨自練球，或是硬拉兩個姊

姊陪練。然而這可滿足不了他的競爭心理。因此，每當喬的職業賽事空檔，肯定會被他纏上，死命要求父親一對一鬥牛，藉此練習新技巧提升實力，就像擁有用不完的精力。這也讓喬曾在媒體前笑著說：「我當時因為他（柯比）幾乎累得半死，一下要陪他看比賽影片，一下又得在球場上和他鬥牛。我必須承認他難纏極了。」

即便鬥牛時被喬痛宰一頓，又或是在磨練技巧的過程灰心喪志，柯比仍會不斷上訴要求再戰，絕不會因為一時受挫，就產生任何消極或自我質疑的心態。這也正是我們前面所提到柯比的特質：「相信自己」。而這還不夠，你不僅要讓自信難以被撼動，還得不停添加燃料點燃你的狂熱；儘管在外人眼中可能瘋狂到不行，但這才是讓你堅持且持續進步的非凡能量。

倘若父親真的沒時間陪他練習，柯比也不會讓自己閒著，而是自顧自苦練，或是進行所謂的「影子籃球」特訓。何謂「影子籃球」？柯比會透過影子來揣摩自己的動作，檢視自己想學習的技術是否到位、投籃姿勢是否標準；他總是在腦海中模擬眼前防守他的對手，日復一日進行這樣的特訓，不懈怠地與自己戰鬥。周遭人們對於這孩子所散發的籃球狂熱，都感到不可思議。

柯比的自主特訓也引起當地不少人關注。比如喬的義大利職業球隊隊友都知道喬有個瘋狂著迷籃球的小鬼頭，職業賽中場休息期間，喬還會讓柯比站上球場、當他的「影子籃球」；

而即使場邊坐滿觀眾柯比也毫不怕生，忘情地投入籃球世界，還經常贏得全場觀眾的喝采與鼓掌。

狂熱驅動著日積月累的苦練，柯比的球技也突飛猛進般成長，逐漸擺脫「影子籃球」特訓，因為他要練球的對象已經提升為職業球員，也就是喬的隊友們。這位不過十一歲的小伙子證明自己已具備足夠的實力，並且讓所有人驚嘆不已。

「起初當他的對手，幾乎不需要太認真。到後來，一個不小心就可能會被他擊敗。柯比儘管不斷被打倒，卻也總是不斷站起來、繼續挑戰。他那彷彿燒不盡的狂熱促使他一直精進自己。」喬一談到兒子，就如此驕傲地說道。

喬的隊友也樂此不疲地看著這個神奇小子如海綿般不停吸收變強，而這樣的練球模式也成為小柯比的日常。年紀幼小的他不僅越級打怪，甚至氣勢十足，這也說明為何他回美國桑尼希爾聯盟打球時，能夠散發出比一般同齡球員更成熟的心態與高竿的技巧。

從「影子籃球」特訓到單挑NBA球員

一九八九年，意外來了一個徹底勾起柯比狂熱的人，那就是一九八八年選秀進入NBA的年輕球員布萊恩・蕭（Brian Shaw）。他因為合約問題*不得不來歐洲討生活，順便前來拜

---

* 布萊恩・蕭於一九八八年NBA選秀第一輪第二十四順位被波士頓塞爾提克選中，後來和義大利球隊及塞爾提克之間發生合約糾紛，還被視為體育法律中著名的合約法教案。

訪同樣來自NBA的喬，吸取歐洲職業籃球的經驗談。當柯比聽到NBA現役球員要來，雙眼炯炯有神發亮起來，腦子裡直想著要挑戰布萊恩·蕭。

柯比回想當時曾說道：「知道有NBA球員要來，我真的超級興奮，但父親的眼神則顯得憂心忡忡，因為他很清楚我會纏著蕭不放，直到我滿意為止。這也是我和蕭建立情感的開端。」（蕭後來成為柯比的湖人隊隊友、甚至是助教）

蕭大學時曾拿到PCAA（太平洋沿岸體育協會）最佳球員，並以樂透順位進入NBA，成為波士頓塞爾提克的球員，與逐漸老邁的綠軍三巨頭賴瑞·柏德、凱文·麥克海爾（Kevin McHale）和羅伯特·派瑞許（Robert Parish）並肩作戰，躋身先發戰力一員，而後還入選年度新秀第二隊。

看到擁有這般履歷的球員，柯比自然見獵心喜，畢竟蕭的實力與天賦比起許多歐陸球員都來得強大，這對於總是樂於挑戰強敵的他而言，是再好不過的機會。接下來發生的事想必大夥也不會意外，柯比一有機會就纏著蕭，即便打不贏也毫不喪志，而是更狂熱地想方設法創造贏球的可能性。

那年，柯比死纏爛打每天找蕭單挑，蕭起初流露出不勝其擾的態度，硬著頭皮接受這小傢伙的挑戰，沒想到後來自己也逐漸樂在其中。對於這段回憶，蕭笑著說：「我剛開始以為陪小孩打球很無聊，後來才發現我想太多！這小子顯然是個狠角色，還聽說他擊敗不少成年人。我心想可不能淪為他炫耀的手下敗將之一，於是決定認真擊敗他。這過程實在很有趣。」

然而，想要單挑穩穩贏過蕭，對於當時年幼的柯比來說難度還太高，於是他要求比其他項目，比如「HORSE」定點投籃*。比賽過程中，蕭對於柯比那顆狂熱無比的求勝心震驚不已。

　　「我後來暗中放水讓他贏了，以為這樣可以讓他死心。但你們猜接下來怎麼了？他竟然說還早呢，還有單挑與其他項目要比，而且只贏一場不夠！我當時心想怎會有對籃球狂熱到如此偏執的孩子，並且認為未來很可能會在NBA遇到他。他讓人感受到與眾不同。」蕭這麼說道。

　　日後也證明了蕭當年的想法，七年後，這名狂熱小子真的闖進了NBA，甚至日後還與蕭成為隊友，一同效力於洛杉磯湖人隊。更酷的是，這小子後來讓蕭拿下夢寐以求的冠軍戒指，而且一拿就是連續三個。

　　常聽到「狂熱造就傑出」，我認為這句話一點也不誇張。正所謂沒有奇蹟，只有累積，想要成功，除了相信自己做得到之外，也必須投入巨大的努力。而這麼做非常花費時間與精力，過程中可能枯燥乏味、疲憊不堪，有時甚至會轉為消極的

---

* 曾於NBA明星賽舉辦的花式投籃賽。首名球員定點投籃，以特殊技巧動作出手，成功的話下一名球員要在二十四秒內以相同動作出手且投進，若後者失手將得到字母H；以此類推，下一次再失手就得到O。首名球員失手則會拿到單字及交換球權。得到全部英文字母就輸了。

心態。但事實上，熱情慢慢消逝是很正常的。

此時，就要考驗你有多「狂熱」。

你有多狂熱，就有多少可能堅持下去的動力；相反地，倘若熱情不足，以致失去耐性，最終就可能放棄或選擇轉換跑道，如此一來人生也將大為不同。一如柯比曾說：**「我從很小就將目標鎖定在籃球，帶著最狂熱的態度去衝刺我的目標，從進入 NBA、奪下冠軍，我一直試圖成為最好的球員。我不知道如果我放棄籃球會是怎樣的人生？但我知道我不會這樣做。」**

柯比正是一路燃燒自己的狂熱，成就自己，感動別人。

Lesson 4
拒絕待在舒適圈

「他跨出舒適圈，選擇更艱難的環境，逼出了更強的自己。」記者崔特曼曾如此評論柯比。

普遍來說，人們一遇到挫敗就會想繞道而行或原地踏步，避免再次苦嘗跌倒的痛楚。相較之下，柯比永遠選擇主動正面突破、解決問題。絕不膽怯地待在舒適圈，而是證明自己身處困境之中也能站起來。

一九九一年，喬決定結束自己的職業籃球生涯，這也表示布萊恩一家即將告別義大利的生活，準備返回美國。這對於柯比與夏莉雅、夏雅來說，將迎來截然不同的環境與文化，尤其是幾乎自小就生長在義大利的柯比，完全是另一種磨練與挑戰。

柯比其實有點捨不得離開義大利，畢竟他已經適應了這裡的生活步調，並且熱愛歐洲文化；他也很欣賞歐洲的籃球隊球風，以及普遍上充滿智慧和技術性的個人風格，比如米蘭奧林匹亞隊（Olimpia Milano）的當家控衛麥克·狄安東尼（Mike D'Antoni）就令他相當著迷。

麥克·狄安東尼

狄安東尼廣泛為人熟知的是一名偉大且極具個人風格色彩的總教練。二〇〇五年賽季與史蒂芬·奈許（Steve Nash）掀起的「快打旋風」（Early Offense）小球風格對於籃壇有難以估量的影響力，甚至能說是現代球風的起源者。

之後狄安東尼還在休士頓火箭與詹姆士·哈登（James Harden）搞出一套「魔球」打法，現在也成為許多球員追逐的打法，完全捨棄中距離跳投，只依賴投三分與突破做為進攻主軸，再次引領聯盟進攻風格上的變化。即使執教生涯未奪下總冠軍，卻是 NBA 歷史上極具代表性的教練。

然而在球員時期，狄安東尼同樣影響許多人，是一九八〇年代歐洲最具盛名的控球後衛，柯比兒時就非常崇拜他，不僅得分與助攻一把罩，並以華麗的球風與充滿智慧的技巧風靡全義大利。

狄安東尼也與喬一樣曾經打過NBA。可是他的發展遠不如喬順遂，因此沒幾年就遠赴義大利發展，經過一番苦練後，成為當代最偉大的後衛之一，在歐洲籃壇締造輝煌紀錄。柯比孩提時期最欣賞的義大利球員就是狄安東尼，非常佩服他的射術與組織。

　　談起當年回美國的心情，柯比曾說：「有點捨不得，因為我對這裡（義大利）很有感情，也欣賞歐洲的球風，這和NBA不太一樣。尤其狄安東尼的比賽給了我很多靈感，他是我小時候的偶像。」

　　柯比當年在義大利會穿8號球衣，外界普遍認為是受狄安東尼影響。狄安東尼到義大利打球後一直穿這個號碼，甚至柯比去參加adidas訓練營也會刻意穿143號，因為三個數字加起來就是8。進入NBA之後，柯比也選擇這個數字做為職籃生涯開端（後來狄安東尼還曾當上柯比的教練）。*

　　柯比熱愛狄安東尼在場上的魅力與影響力，但很清楚他和父親一樣，都是在NBA不得志才來歐洲發展。儘管如此，他依舊在這全然陌生的國度另闢新徑、重新樹立自己的威信與價值，展現出令柯比佩服不已的企圖心與膽識。狄安東尼當年在NBA不受重用，才加入ABA沒多久聯盟就宣布解散**，重回

---

* 狄安東尼於二〇一二年接任洛杉磯湖人隊總教練，當時柯比已被譽為湖人的「紫金一哥」。
** ABA是一九六七年成立的美國籃球協會，一九七六年被NBA兼併。

NBA又幾乎被棄用。懷才不遇且經歷諸多挫折，狄安東尼也沒被擊倒，他不因載沉載浮的職涯就此打退堂鼓，對於籃球這條路依舊義無反顧。狄安東尼這種百折不撓的態度也令柯比心折，更別說還是身處異地的堅持，更是不簡單。

因此，柯比雖然捨不得離開義大利，返回家鄉美國卻令他引領企盼，畢竟這樣更有利於他前進NBA。儘管他知道要在之後的高中聯賽打出名堂才有機會，但這個門檻與跳板已近在眼前，這道高牆等著他跨越，完全激起他本來就狂熱無比的鬥志。柯比也自承：「對於能回美國接觸更多厲害的球員，我當時心情是雀躍的，心想真正挑戰的舞臺即將降臨。」

從義大利返鄉的籃壇新星

回到家鄉費城，柯比很快就引起同齡的孩子關注。球場上忽然出現一個球技了得的孩子，各項動作的細膩度與技術層面顯然遠遠超出一般人，在一些初中籃球賽上甚至以虐殺戲稱；他就像是獵殺場上的掠奪者，有他的球場上每分每秒充斥著侵略感十足的高昂氛圍。

柯比這般雷霆萬鈞的場上表現讓人過目難忘，然而他滿口夾雜義大利腔的英文、不同於一般美國孩童的談吐，外加不懂許多美國俚語的青澀，在在顯得他極為與眾不同。這也吸引了勞爾梅里恩高中教練葛瑞格‧唐納（Gregg Downer）的目光。

對於唐納來說，為勞爾梅里恩高中挖角出色的球員是他的

任務，而場邊的他很快將目光鎖定柯比，因為這位巴拉辛威德中學（Bala Cynwyd）的中學生顯然比許多高中生還要出色；光是他的步伐、下肩與節奏變化的運用就頗具職業球員的風範，更別說那整體的流暢性猶如鰻魚般刁鑽無比，防守者一個不留神即被他從隙縫穿過，接著看他以華麗的姿態將球送入網中，如此一氣呵成。

看到這塊才華洋溢的籃球璞玉，唐納也壓抑不了一較高下的熱情，直接上前找柯比單挑，好戰的柯比自然來者不拒。結果並不令人意外，唐納完全被眼前這名中學生徹底擊潰，成了他一長串手下敗將名單之列，而這也促使唐納積極挖角柯比加入勞爾梅里恩。

唐納後來回想：「我對於延攬柯比入隊並不抱太大期待，因為我的學校並非籃球強隊，只是郊區一間重視學術的學校。像他這樣的天才肯定會選擇更具競爭力的學校。」

誰都沒想到，柯比竟選擇加入勞爾梅里恩。他既沒加入曾出產「神獸」傳奇張伯倫（Wilt Chamberlain）的歐弗布魯克高中（Overbrook High School），或是傳統名校費城羅馬天主教高中（Roman Catholic High School）、南費城高中（South Philadelphia High School）和西部費城天主教高中（West Philadelphia Catholic High School）這些也曾誕生不少NBA球星的學校，反而決定進入校史中只出過一名NBA球員的勞爾梅里恩，起初讓人相當不解。

威爾特·張伯倫

說起NBA球史上被歸類為非人類的球員，張伯倫肯定名列其中，甚至是最天賦異稟的一位。即使早期NBA被認為實力普遍參差不齊，許多數據也要大打折扣，但在那樣的時代張伯倫簡直異於常人，總是寫下凡人做不到的數據，說明他不僅在那個年代鶴立雞群，聯盟還曾因為他修改籃球規則，增加三秒區的區域，同時增加干擾球（Goaltending）*的概念。

張伯倫有著多不勝數的瘋狂紀錄，光從得分來看，單場100分、單賽季均50.4分、生涯一百一十八場得分50＋都可能是永遠無法被超越的紀錄；而連續十二年場均籃板20＋、單賽季平均上場時間48.5分鐘（破比賽正常時數）的紀錄同樣高聳天際。

張伯倫也證明了自己是天才球員。生涯後期他還曾拿下助攻王，替長人寫下了新的定義，說明他不僅有著超乎常人的運動天賦，技術、企圖心更是他最終被稱為「史前神獸」的主因。

當時在費城當記者的崔特曼（Jeremy Treatman）特別關注這件事，前往訪談柯比的父親喬與教練唐納，得知了柯比選擇勞爾梅里恩的原因。崔特曼說：「柯比並不想加入一支已經很強的球隊。他想建立自己的帝國。他主動迎向艱難的環境以證明自己，哪怕這條路滿布荊棘，他也無所畏懼。」

---

* 指禁止干擾射出而在下降中的、或在籃框上的籃球。

加入一支強隊要贏球很容易，但柯比認為這過於舒適，所以寧可加入一支能夠盡情發揮自身所長的球隊，跨出舒適圈來磨練球技與心志。他相信自己做得到，依舊保持狂熱的信念；再加上那個人深深信任自己，就是教練唐納。

　　崔特曼指出：「唐納信任柯比，柯比也相信唐納，這正是他之所以選擇勞爾梅里恩的主因之一。這對師徒建立起革命情感，並且互相扶持，就是為了向那些不看好的人證明他們做得到。」

　　自一九四三年後，勞爾梅里恩 Aces 隊就未曾贏過州冠軍，過去半世紀在費城高中籃壇也沒有太大的競爭力；然而柯比初來乍到，就發下豪語要幫 Aces 隊拿到州冠軍。此話一出，隨即被當地費城高中籃壇當做笑話看待，根本沒人相信 Aces 有這能耐，連勞爾梅里恩的學生都抱持懷疑的態度，只有柯比和唐納相信這個可能性。

　　談起這件事，崔特曼說道：「柯比想要大爆冷門。他宣稱要帶領 Aces 隊拿州冠軍絕不是開玩笑，他喜歡讓所有人大吃一驚來證明自己。」

　　只是天有不測風雲，沒想到柯比與 Aces 隊出師不利，高一時期球隊戰績不如預期。儘管柯比能力出眾，但隊友的實力和他落差太大，導致他後來幾乎光靠自己主導比賽、殺出血路，到頭來甚至愈來愈不信任隊友。而這當然不是唐納想看到的局面。

雪上加霜的是柯比之後膝蓋受傷，Aces隊頓時群龍無首，實力當然也隨之一面倒，最終高一賽季中Aces隊僅拿下四勝二十敗的成績，別說挑戰州冠軍，連基本目標都達不到；更別提在一些比賽中，柯比遭受BOX-1的防守*陷入泥沼且失誤連連。個人與團隊累積的種種挫折，讓柯比苦吞敗戰的滋味。

　　但這就是柯比想要、也已預想到的過程。平坦的路走起來有什麼樂趣，勇闖崎嶇難行的荊棘之道才難能可貴，也極富成就感。失敗跌跤，絲毫撼動不了柯比的信念與企圖心，反而更激出他解決眼前困境的動力。

　　柯比說到做到。在他的積極帶領下，Aces隊之後三年呈現突飛猛進的進步，總計繳出七十七勝十三敗的佳績，還一度創下二十七連勝的紀錄；柯比個人也曾單季繳出31.1分、10.4籃板、5.2助攻的怪物數據，登上賓州最佳高中籃球員。更於一九九六年率領球隊一舉拿下州冠軍，實現當初發下的豪語，完全以行動打臉了曾在一旁看笑話的人。

　　不只高中聯賽，在集結菁英的AUU（Amateur Athletic Union）聯賽裡，柯比也攜手理察‧漢彌爾頓（Richard Hamilton），帶領萊恩斯明星隊（Sam Rines All-Stars）打出佳績。就像當年選擇高中球隊一樣，柯比拒絕許多頂級AUU強隊邀約。他並不打算與當時聲名大噪的提姆‧湯瑪斯（Tim

---

* Box-1特指籃球比賽中，針對對手只有一名強力球員時採取的針對戰術。常見於美國的高中及大學聯賽。

Thomas）或文斯・卡特（Vince Carter）長期同隊合作，反而是想對這些強隊說：「到時會和你們這些傢伙玩玩的！」

理察・漢彌爾頓

漢彌爾頓在高中時期就是賓州當地的籃球好手，因此與柯比熟識，兩人交情也不錯，曾相約在NBA這個籃球最高殿堂的舞臺碰頭，並且同樣爭氣地做到了。

相較於柯比一開始就備受湖人重視，漢彌爾頓卻因喬丹在巫師復出而失去外界目光，但也因禍得福交易到底特律活塞，與畢拉普斯（Chauncey Billups）、普林斯（Tayshaun Prince）和兩個華勒斯（Ben Wallace、Rasheed Wallace）共襄盛舉，完全融入之餘，也在注重團隊體系運作下，充分發揮無球跑位的神射本領。

後來於二○○四年在活塞奪下冠軍。漢彌爾頓如教科書般的無球跑位技巧令許多球迷印象深刻，戴著面具更是他的招牌形象。

「實在不可思議！可當你認真在一旁看著這小子的成長過程，以及他自我要求的態度，會發現這一點也不讓人意外。他跨出舒適圈，選擇更艱難的環境，逼出了更強的自己。」崔特曼對此佩服地說道。

正如前文所提到的，狂熱就是他無窮的動力。而踏出舒適圈，更讓他將這股能量催化到最高的境界，這位原本名不見經

傳、遠從義大利返家的孩子就此成為球壇中一顆明亮的新星。

　　柯比度過了一個極富意義且完美的高中生涯。他的勤奮令旁人讚嘆，每天都在場上埋頭苦幹練球，幾乎從早練到晚。最瘋狂的是，他甚至參加多達六個不同聯盟與兩個夏季聯盟的訓練。

　　最後，柯比在高中聯賽創下2883總得分紀錄，一舉超越賓州高中球員歷史最佳紀錄；原本的紀錄為2359分，紀錄保持人正是被譽為NBA「神獸」的傳奇球員張伯倫。接下來，柯比即將挑戰張伯倫走上的路：前進NBA最高殿堂。

Lesson 5

不自怨自艾，逆勢而為

「經過長時間的考慮和聽取許多人的意見，我決定將
自己的才華直接帶進NBA！」柯比在勞爾梅里恩的體育館
宣布了他跳級挑戰NBA這個籃球最高殿堂的決定，而非先
踏進NCAA*戰場磨練。此舉當然引起軒然大波，外界普
遍認為這是錯誤的決定，但熟悉柯比的親友都知道，這小
子絕對是有備而來。

* 全美大學體育協會第一級男籃錦標賽，NBA球員中許多都曾有在NCAA打球的經
歷，NCAA也在每年賽季輸送大量的潛力新秀進入NBA，包括杜克大學、UCLA等都
是提供大量球員的NCAA名校。

在柯比之前，高中跳級的職業球員可說寥寥可數，其中最具代表性的人物就是費城七六人傳奇中鋒馬龍（Moses Malone）。他僅僅十九歲就加入ABA開啟職業生涯，第一年就繳出18.8分、14.6籃板、1.5阻攻的頂尖雙十數據，併入NBA後更是成為聯盟一代籃板狂人，七年內抓下了六座籃板王頭銜，場均得分還高達25.9分，是一九八〇年代最強勢的超級中鋒之一。

另一個代表人物是有「雨人」（Reign Man）之稱的超級野獸尚恩·坎普（Shawn Kemp）。他當年因為學業成績進不了大學，於是毅然挑戰NBA。不過坎普很幸運，當年的西雅圖超音速*恰好成為他發揮才能的舞臺，球團也循序漸進培育新秀，後來又遇上貴人喬治·卡爾（George Karl）。

尚恩·坎普

坎普是NBA高中跳級生成功的著名案例。有著「雨人」（Reign Man）之名的他同時也是一九九〇年代聯盟最暴力的野獸前鋒代表人物。令人嘆為觀止的身體素質、恐怖的彈性及其狂妄的性格，他每每摧毀轟炸籃框的瞬間都讓所有人血脈賁張、熱血沸騰，是歷史上最具觀賞性的球員之一。

只可惜他生涯後期並不順遂，東移離開超音速（現為雷霆）後的聲勢急速下滑，一九九九年封館期間身材失控發福，也

---

* 極富歷史的NBA球隊，二〇〇六年球隊老闆、星巴克創辦人舒茲將球隊賣給俄城億萬富翁本內特後遷址，並更名為奧克拉荷馬城雷霆。

讓他最引以為傲的優勢瞬間瓦解，生涯崩塌之快令人惋惜，僅三十一歲就跌落谷底難以翻身。

但無論如何，坎普在超音速的歷史上占據舉足輕重的地位，攜手裴頓（Gary Payton）、史倫夫（Detlef Schrempf）的三劍客時代締造無數豐功偉業，還一度是喬丹奪冠路上最大的絆腳石。

「要是能重新選擇，」坎普在一次受訪時曾說道：「我應該會選擇上大學，在那裡你能學到很多進入職業球場後學不到的事，並且在你結束球員生涯時為你指引一些方向。」

坎普會這樣想很正常。事實上在他和馬龍等成功案例之外，存在更多失敗的例子。曾經有一位天才球員懷斯（Skip Wise），他因為遇上大學非法招募而直接挑戰ABA，不料才加入沒多久ABA就宣布解散，後來爭取NBA機會時又不得志，雖有天賦卻經驗不足，球技也還不夠細膩，選上他的聖安東尼奧馬刺很快就將他淘汰。

更慘的是，懷斯無法重回大學。在沒籃球可打、又無學歷加持的情況下，懷斯後來浮浮沉沉，還一度走偏犯下罪行，在監獄裡待上好幾年。昔日的籃球明日之星，卻以這般悲慘的結局收場。

這也讓各隊高層普遍不信高中生這一套，即便天賦滿滿，但不成熟的個性、尚未到位的球技，以及缺乏大學團隊籃球的教育，都讓這些青澀的籃球天才難以成為即戰力。選擇這樣的

球員就是一種豪賭，是風險很高的投資，更別說是以樂透順位挑選。

湖人總管衛斯特的豪賭

然而一九九五年，明尼蘇達灰狼再次扮演賭徒，選入一名叫做賈奈特（Kevin Garnett）的高中生。當年賈奈特在芝加哥大放異彩，打出令人振奮的新氣象，於是掌管灰狼的執行副總裁麥克海爾（Kevin McHale）決定抓住機會，押寶這名年輕人。一九九〇年才加入NBA的灰狼，當年還是一支新創的球隊，他們急需一名明星球員來建立盛世與球隊文化。

過去灰狼並非沒有選進人才。他們選中澳洲出身的隆利（Luc Longley）、在NCAA掀起風雲的杜克王子雷特納（Christian Laettner）、天賦極高的得分高手萊德（Isaiah Ride），還換來有大鳥二世之譽的古格里奧塔（Tom Gugliotta），但這些球員最終都不是灰狼的解答。

麥克海爾從賈奈特奔馳於球場的態度與激情，以及自身擁有的天賦與技術，他認為這孩子的確夠格跨級挑戰。而賈奈特也沒讓他失望，雖然沒打出爆炸性的數據，僅10.4分，但表現相當全面；更重要的是，年僅十九歲的賈奈特成了球隊中最富好勝心的球員，無論是球隊老將、教練與制服組*和球迷都深

---

* 每個球團都有一群被暱稱為「制服組」的西裝人士，這些人並不會占據媒體版面，但工作包羅萬象，包括教練、球探、數據分析、體能訓練到球員發展，甚至各式各樣的特助與顧問等。

深信服並熱愛這名潛力新人。

　　賈奈特的成功案例為做出同樣選擇的柯比帶來正面影響，但對於柯比來說，他才壓根不管。因為沒有人能動搖他的決心。外界普遍看衰他的選擇，記者與專欄作家甚至抨擊這是錯誤的決定，還宣稱是喬要求兒子出來賺錢，連柯比實力遠不及賈奈特的言論都傳開了。

　　「全是無稽之談，我們家並不缺錢。我聽到很多人說我不夠成熟，還沒準備好打NBA。這麼說好了，我至今見過許多一般孩子沒見過的大場面，還有他們從未想像過的經歷。這些年我在歐洲生活，去了法國和德國，我在義大利生活時鎮日與職業球員為伍，我相信自己比許多同齡的年輕球員更加成熟。」柯比自信地說道：「我和賈奈特是不同類型的球員。我會證明一切。」

　　就像麥克海爾相信賈奈特，洛杉磯湖人當時的教練傑瑞·衛斯特（Jerry West）也同樣相信柯比。衛斯特觀察柯比很多場比賽，慢慢了解他的性格之後，堅信柯比正是湖人的豪賭。之後，衛斯特以當家中鋒迪瓦茲（Vlade Divac）交換柯比入隊，這個決策引起了一些爭議，但衛斯特仍堅信這是正確的決定。他說：「我認為柯比已經下定決心。雖然他還年輕，但他擁有父親傳承的經驗，又具備令人驚嘆的態度，我相信他會比其他NBA年輕球員更成熟地面對挫折並成長。」

　　最終，柯比以第十三順位成功從高中跳級闖進NBA，並得償所願加入他熱愛的洛杉磯湖人。這一切看似水到渠成，柯

比終於夢想成真，達成從小設定的目標。而對柯比來說，他知道他已經讓那些過去批評他不切實際的人啞口無言，他非常享受這一刻。

事實上，進NBA絕對不是柯比的夢想終點，反而只是個起點。他的目的是在這籃球的最高殿堂打出名堂，創造屬於自己的輝煌履歷並奪下歐布萊恩盃*，這才是他夢想的頂點。而這小子也不改其狂傲的性格，還沒打過任何一場職業賽前就向媒體宣示：「我一定要成為聯盟歷史上最佳的球員！」

當然，柯比再次發出豪語並非出於自我膨脹。早在選秀前，他就在湖人第二次試訓中單挑多塔爾‧瓊斯（Dontae Jones），並取得壓倒勝。瓊斯是大學四年級的學生，和柯比一樣參加一九九六梯選秀，不僅曾被評估可能進樂透，還拿下NCAA東南賽區的MVP，最後一年在名校密西西比州立大學（Mississippi State）擁有平均14.7分、6.8籃板的不俗表現。

在這場對決中，柯比以各種不同的技巧朝瓊斯進攻，同時搬出銅牆鐵壁的防守，將這位NCAA頗具名聲的球員打得毫無招架之力；柯比還曾經與一九八〇年代紫金大軍著名的外圍大鎖庫珀（Michael Cooper）過招，當時庫珀已退役多年，即將四十歲，體格保持得很好，也仍持續打球，沒想到卻被這才高

---

* 每年NBA頒發給總冠軍隊伍的獎盃。名稱源自於一九七五至八四年的NBA總裁歐布萊恩（Lawrence Francis O'Brien, Jr.）。

中畢業的小子一舉擊敗；賴瑞‧德魯（Larry Drew）就更不用說了。後來衛斯特對此表示：「柯比將兩個前職業球員狠狠地踩在腳下，這樣形容絕不誇張……」

最著名的事蹟就是柯比曾單挑並擊敗被視為新一代天才飛人*的史塔克豪斯（Jerry Stackhouse）。史塔克豪斯是一九九五梯的選秀探花，NCAA時期即是大學籃壇的風雲人物，來到費城七六人後持續發揮天賦，新人年就繳出場均19.2分的表現，新人年度隊上甚至還優於賈奈特。

然而，史塔克豪斯居然在這場單挑中輸給了柯比！儘管柯比並不容易阻止對手得分，史塔克豪斯在對決中也驚訝地發現，自己不僅完全阻止不了眼前這名年輕球員迅雷不及掩耳的突破與節奏轉換，更震懾於那多樣性技術組合的投籃能力。

經歷無數次的試訓與單挑，柯比可說解開了心中的兩大疑慮：如果他當初選擇進入NCAA，競爭力會落在什麼樣的位置？直接挑戰NBA是否過於高估自己？然而，與強大的對手一番較勁後，他心中的大石頭已然徹底落地。「柯比確信挑戰NBA是正確的選擇。他意識到自己的實力絕對能在聯盟闖出一片天，而且他會愈變愈強，不只是一名NBA球員，更是一名將寫下歷史的超級巨星。」記者崔特曼如此說道。

---

* 史塔克豪斯六呎六吋（約二百公分）的身高、來自北卡大學的選秀探花，以及身為飛人型得分後衛，這些條件都和麥克‧喬丹一模一樣，曾因此被視為喬丹接班人。

只不過那年夏天，湖人並不是只爭取到柯比入隊。老實說，當初並沒有多少人在意這個高中小子加入，更萬眾矚目的是衛斯特從自由市場裡爭奪到奧蘭多魔術的新世代怪物中鋒：俠客歐尼爾（Shaquille O'Neal）。這操作簡直讓加州球迷樂翻了，失去魔術強森的湖人也重返聯盟奪冠大熱門球隊之一，誰也不敢小覷俠客效力的球隊。

　　有俠客鼎力相助，加上球隊上賽季五十三勝，還有艾迪・瓊斯（Eddie Jones）、范埃克塞爾（Nick Van Exel）、塞巴洛斯（Cedric Ceballos）這些新生代好手，湖人在這賽季無疑定調為爭冠強權，而如此一來，球隊的運作方式很少會花太多時間鍛鍊新人，畢竟衝刺冠軍才是當下主要的計畫。總教練哈里斯（Del Harris）也遵循此道，並沒有因為球團高層如衛斯特看重柯比，而給他更多的機會。

　　整個新人賽季，柯比場均上場時間只有15.5分鐘，團隊名列第十一，不管怎麼看都是球隊裡板凳中的板凳，大多是垃圾時間*才有機會上場，這讓原本期待第一年就大展身手的柯比如坐針氈。

　　柯比回想起當時這麼說道：「我一直坐冷板凳，我不曾坐在板凳那麼長的時間……我只能將這樣的處境視為學習過程，好整以暇地觀察場上的一切，任何時刻都不鬆懈。但我必須

---

* Garbage Time，包括兩隊比分懸殊且剩餘時間難以扭轉勝負、落後球隊換下所有主力放棄抵抗，或是雙方都換下主力由候補球員上場訓練等情況。

說，那時場下的我躍躍欲試，看著同梯的人在場上大殺四方，我真希望能上場，我認為我也能做到！」

柯比口中的同梯，就是一九九六梯的狀元艾佛森（Allen Iverson）。這名桀驁不馴的狂人小子生涯首戰就狂飆30分，生涯前八場就有三場得分30＋，場均上場時間將近三十五分鐘；而另一頭的洛城高中跳級生前八場平均僅3.8分，首戰還得分掛蛋。

然而，柯比有信心達到艾佛森達到的成績，這論調絕非口說無憑。開季前的夏季聯盟，當時登上舞臺發揮的柯比成為全聯盟場均得分最高的新人，場均得分高達25分，帶領湖人殺進總決賽，並創下夏季聯盟冠軍賽的得分紀錄（36分）。只是很遺憾地，輸給了艾佛森的七六人，無緣勇奪冠軍。

接著在明星週的東西區新秀對抗賽，柯比再次與艾佛森狹路相逢、相互過招，柯比飆出全場最高的31分，在明星週的舞臺上展示自己豐富的武器庫，也完全秀出得分天賦。只可惜這次又讓艾佛森拿下勝利。

不過，柯比在明星週的確吸引到眾人的目光。除了新秀對抗賽上令人眼睛為之一亮的優異表現，他也在灌籃大賽中脫穎而出，以一招華麗流暢的胯下灌籃奪得冠軍盃。綜觀一九九六梯所有新秀，沒人在克里夫蘭比柯比還來得活躍，並且同時成為鎂光燈的焦點。

即便如此，認為柯比能打出名堂的人依舊不多，畢竟例行

賽上他幾乎沒有特別突出的表現，明星賽這樣的秀場也不具代表性。說起來一點也不誇張，當時看衰柯比的人遠比期待他的人要多上許多，更多人認為湖人已經有了瓊斯，何必再一個擁有相同特質卻乳臭未乾的小子？於是球迷不期待不傷害，無論如何，柯比都不會是人們關注紫金大軍的焦點人物。

而且，開季前一直有風聲傳出湖人高層會力捧這高中小子，甚至打算將同樣特質的瓊斯和需要持球的范埃克塞爾給打包出去，意圖騰出更多舞臺供他發揮；加上已經和愛迪達談好球鞋合約及種種外界眼中狂妄的發言，都讓更衣間瀰漫著一股古怪的氛圍。「球隊的老將在一旁虎視眈眈看著這高中小子是否獲得特殊待遇……」，二○一五年受訪時，教練哈里斯回顧當年首次對外透露。

這也加深了本來就比較保守的哈里斯於調度上的考量，完全以大局為重，圍繞俠客為全隊核心，按自己的方針調兵遣將。即便柯比極富天賦且滿懷熱血想上場貢獻，哈里斯仍不為所動。不管柯比練習時多勤奮，在隊內對抗賽表現多出色，依舊無法增加更多的上場機會。

如此一來，反而讓柯比一有上場機會就想盡全力秀自己。比如一場與國王的比賽中，柯比就在快攻中施展通常灌籃大賽中才看得到的三百六十度旋轉暴扣；又或在幾次攻勢下施展高難度的進攻花招。這些確實讓他得到場邊球迷的歡呼與記憶點，卻也可能換來致命的失誤，哈里斯對此質疑並冷凍他。柯比一度心力交瘁地表示：「我搞不懂。我一直告訴自己能夠克

服這一切實現夢想（成為主力），但到底該怎麼做我真的不知道。」

「這應該我是籃球生涯中最艱難的一刻：不知道自己能否上場、也不知道能獲得多少上場時間。」柯比語重心長地說道。例如迎戰芝加哥公牛的比賽，柯比賽前滿懷期待上陣對抗喬丹（之所以跳掉大學時期直接挑戰NBA，想趁喬丹退役前挑戰他也是原因之一），但那場比賽中，柯比上場時間根本不到十分鐘，最後只能眼睜睜看著喬丹帶領公牛拿下勝利。

到了一月與國王背靠背*的二連戰，柯比第一場只有十分鐘的上場機會，全場僅繳出4分2助攻的成績；隔天哈里斯卻給了他二十多分鐘的舞臺，他馬上繳出21分5籃板2阻攻的好成績，成為球隊贏球功臣之一。

回想當時，柯比感觸地說道：「儘管我很難適應（球隊調度方式），但換個角度想這的確也幫助了我，告訴我要更加自我要求、調整好狀態，每個晚上都做好上場作戰的準備，把握證明自己的機會。」

面對失敗的強大心理素質

對於外界的流言蜚語，不管是看好他或是覺得他成不了氣候的種種聲浪，年僅十九歲的柯比看待這類壓力所展現的成熟態度，令湖人團隊相當驚豔。面對無法盡情上場發揮及遭受

---

* Back to back，一般指球隊連續兩天客場作戰。

酸民抨擊的處境，柯比做出這樣的回應：「**當你愈被人看不起時，當你發現自己的表現與處境不如預期時，我不會自怨自艾，我反而會更瘋狂地驅策自己。我想這出於我一貫的好勝心，而我也想證明我的決心絕非兒戲。我才不管別人怎麼想，他們就等著看好戲吧。**」

當事態發展不如預期，大多數人會變得怨天尤人、自怨自艾。但柯比不同，他很快調整好心態以重振旗鼓，同時瘋狂地自我鞭策並提高企圖心，傾盡全力做好準備。這完全不像十八、九歲的孩子所具備的心理素質，也讓助理教練德魯由衷表示：「許多年輕新秀來到聯盟，我們都對他們說要專注訓練，不要因為完成夢想而有所懈怠。柯比完全沒這問題，繼續埋首下苦功，我們反倒擔心起他可能練過頭了，體力負荷不來。」

憑藉著出色的敬業態度，柯比到了季末漸漸得到了更多上場時間，還曾兩度連續四場比賽得分上雙*。眾人也覺得他可以勝任球隊板凳暴徒的角色，而隨著賽季尾聲到來，柯比期待已久的季後賽舞臺即將揭幕。

首輪對上拓荒者的系列戰，柯比沒有太多表現，四場比賽中三場上場時間不超過六分鐘，但 Game 3 給他機會馬上就轟了 22 分技驚四座，這無疑加深了哈里斯將他視為奇兵的可能性，而對自己能幫助球隊，柯比自信地說道：「我知道我有

---

*得分二位數，即最少得分 10 分以上。

能力幫助球隊，我有自信，我隨時做好準備等待上場支援隊友。」

沒有意外地3-1解決拓荒者後，接著第二輪湖人要面對的是本賽季宛如「心魔」般的西區霸主猶他爵士。那年例行賽雙方四場相遇，爵士壓倒性拿下三場勝利，唯一的一敗也只輸了2分，顯然這支經驗老到的強權隊伍很清楚如何對付湖人這票年輕大軍。

系列戰中，爵士依舊得理不饒人，第一場大比分*即重創湖人士氣；第二場雙方比數咬得很死，但爵士綠葉羅素（Bryon Russell）在第四節扮演關鍵三分重砲手，透過馬龍在禁區的牽制，從外圍投進兩個價值連城的三分彈，加上關鍵時刻俠客錯失了致命一擊，歐瑞（Robert Horry）在讀秒階段犯上不該犯的規，以及馬龍最後的再見火鍋，湖人隊的士氣全盤遭受重挫。

就在全隊幾乎人人低迷不振的情況下，隊上年僅十八歲的小子竟然成為唯一向全體隊友信心喊話的人。助理教練德魯對此相當印象深刻：「柯比的態度就像是告訴哈里斯，相信他、給他機會，他有自信且準備好為球隊貢獻。」

在湖人輸不得的關鍵第三戰，爵士反而自亂陣腳起來，球隊投籃狀態低迷，即使俠客陷入犯規危機，湖人還是保持領先優勢。到了關鍵第四節，柯比則像是一名冷血殺手，絲毫不給

---

*指單場高分差的比數，也用於系列賽比數。

爵士反撲機會，末節狂轟17分並成為全場最高得分球員，直接幫湖人拿下一場大勝利，展現年輕球員少見的沉著與膽識。贏球的喜悅也讓柯比興奮不已，並說：「我相信我們可以逆轉系列戰，在鹽湖城打敗他們。」

只不過爵士畢竟薑是老的辣，第四戰很快找回贏球節奏，助攻王史塔克頓（John Stockton）助「郵差」（The Mailman）卡爾‧馬龍（Karl Malone）卯起來送信轟炸42分，湖人彷彿複製 Game 1 的敗仗般被打得潰不成軍，爵士趁隙取得聽牌權，湖人被逼入淘汰邊緣。

約翰‧史塔克頓

直至今日，史塔克頓都是聯盟控球後衛的代名詞。

其生涯總助攻數15806次和生涯總抄截3265次，都被視為 NBA 歷史上難以攀越的高牆，甚至很可能永遠懸掛在最高聳的位置。除此之外，史塔克頓所寫下的助攻王九連霸壯舉也是難以被超越的紀錄，因為這不僅需要每年穩定的高產量，還得在聯盟生存許多年（長達十九年的職業生涯）。

史塔克頓也是 NBA 少數終生效力一支球隊的偉大圖騰。他在猶他爵士的奔戰生涯中，與教練馬龍（Karl Malone）和史隆（Jerry Sloan）建立起擋拆教科書的典範，替爵士建立長年不墜的盛世，連十九年闖進季後賽，更於一九九七年與九八年賽季連續挺進總冠軍戰舞臺，要不是喬丹橫亙前方，不然史塔克頓應能擺脫無冕王的標籤。

卡爾 · 馬龍

馬龍結束球員生涯時，已被公認為歷史上最偉大的大前鋒，
履歷上有著兩次MVP榮耀，到後來的鄧肯（Tim Duncan）才
有實力競爭並超越。然而這無損於馬龍仍是聯盟最具得分破
壞力、如「郵差」般輕鬆送分入網的大前鋒。生涯總計高達
36928分，名列聯盟史上第二高，只輸給賈霸。

可惜馬龍與好搭檔史塔克頓生涯就是缺一枚冠軍戒指，
一九九○年代巔峰時期無法跨越喬丹及芝加哥公牛那道高
牆，成為他職業生涯最大的遺憾。之後加入洛杉磯湖人組成
「F4」巨星組合也功虧一簣。

然而馬龍的傳奇與偉大，依舊受到球迷歌頌。他是聯盟最
著名的老怪物，三十九歲還能場均20分以上，NBA歷史上
只有喬丹和他做得到。下一個能做到的會是詹姆士（LeBron
James）。

二○○四年生涯最後一年他接連扛住姚明、鄧肯與賈奈特
（Kevin Garnett）這些新世代禁區頂尖人物，而且那時他已
經四十歲了。

　　第五場的關門戰，爵士不打算讓系列戰有太多懸念，整場
幾乎處在領先狀態。但湖人也不願言敗，展現極高的韌性死纏
爛打，甚至在第四節透過柯比的關鍵三分打與范埃克塞爾的關
鍵上籃一舉將比分超前1分，士氣一度站在湖人這邊，眼看極
有機會延長系列戰。

　　可是誰能想到最後關鍵一分多鐘時，俠客竟六犯畢業，頓

時軍中無大將，整個球隊明顯陷入緊張的氣氛，場上的籃球似已成了燙手山芋。此時，年紀最輕的柯比反倒積極要球承擔勝敗，這樣的態度令教練哈里斯在最後十一秒喊暫停，決定將關鍵最後一擊交由這名十八歲的小伙子操刀。

這原本應該是柯比夢寐以求的舞臺，一個他心儀已久的關鍵時刻，能夠趁俠客缺席時發揮主導的能力決定勝負。沒想到接下來的幾分鐘，卻成為他職業生涯的一場夢魘。

首先，柯比沒有在正規時間把握住最後一擊致勝的機會。他看似意氣風發、極富氣勢地持球從後場推進至前場，面對羅素的防守忽然於弧頂加速突破急停跳投，不料投出了麵包球，場邊所有的爵士球迷興奮地大加鼓譟起來。

延長賽就像噩夢的延續。湖人依舊沒幾個敢持球出手，柯比則無所畏懼，只希望靠一己之力打出破口，打出讓人振奮的比賽，就像魔術強森當年在天王中鋒賈霸（Kareem Abdul-Jabbar）因傷缺陣時成功扮演場上的英雄。

然而劇情的發展遠超乎柯比想像，他不僅沒能成為英雄，還可能讓自己成了狗熊。延長賽的短短五分鐘內，他連續三次三分出手都籃外空心，倘若加上正規時間那一球，等同於柯比在這短短關鍵五分多鐘投了四顆三不沾的球，拱手將最後的勝利讓給了猶他爵士。如此糟糕的發展，再加上他 Game 3 的逆轉宣言，爵士球迷接連拋出攻擊性的字眼來取笑侮辱他，這也成為柯比生涯第一次的震撼教育，也可說是生涯最丟臉難熬的

一刻。

　　比賽哨聲響起，柯比眼角泛淚不甘心地走下場，身為球隊大哥的俠客立刻上前安慰，肯定他是當時湖人最具膽量的球員，唯有他散發出無畏的態度作戰，連對手史塔克頓都肯定地說：「這名年輕小伙子讓人印象深刻。系列戰中，他帶著無比的自信與我們抗衡，而在關鍵時刻要一名菜鳥投出如此困難且承受極大壓力的一球，已經很不容易了。他只是沒達成罷了。」

　　不過這場痛苦萬分的失敗經驗，對於習慣逆流而上的柯比來說卻是巨大的養分來源。賽後採訪時，他這麼鼓舞自己：「我必須將這些拋諸腦後；但我也會在某些時刻喚醒這段記憶。那就是每年夏天當我苦練到疲憊不堪，或是遭遇低潮及傷病，甚至想偷懶時，我會喚醒這段記憶來逼迫且激勵自己。」

　　「這小子他對自己生氣到哭了。他咬牙切齒，雙眼中彷彿看得到熊熊的怒火。就我對他的了解，這個夏天絕對很精采。明年賽季他將如何蛻變？我已經不敢想像了。」當時德魯笑著說。

　　柯比正是擁有這樣特質的人。愈是身處逆境、愈是達不到自己設定的目標與期許，他愈不會浪費時間沉浸在自怨自艾的負面情緒之中，反而更不顧一切投身其中，想盡辦法逆勢而上。

　　同時嘴裡喃喃唸著：「等著瞧吧！」

Lesson 6
向成功者拜師學藝

　　身為一名傳奇球員,柯比的NBA生涯開局並不順遂,
甚至能以表現不好來形容,在季後賽留下不光彩的時刻。
回顧歷史前二十五大總得分的球員中,僅僅柯比生涯首場
得分掛0,第一年的場均上場時間也是這二十五大得分傳
奇中最少的。

　　但柯比也正因如此,並沒有被成功闖進NBA的喜悅給
沖昏了頭,反倒是這段逆流而上的經歷,更讓他清楚自己
仍有許多不足之處。想在籃球最高殿堂打出名堂,除了勤
奮自學之外,更得吸收別人的長處,不受限且不排斥任何
學習方式,四處從成功者身上討教並融會貫通,這將是最
快提升自身實力的途徑。

父親喬・布萊恩曾說：「柯比雖然自信滿滿，卻不會故步自封，眼中只有自己。能力不如他的人若有值得他學習之處，他也會前去討教，更別說那些他視為目標、一心效法的球員。」

　　猶他爵士系列戰結束後，照理說球員大多會陸續放暑假去，把握得以喘口氣的片刻；但柯比沒有，他忘不了去年例行賽枯坐板凳的大把時間，以及季後賽時來自猶他爵士的震撼教育與羞辱。

　　當時柯比雖流下不甘心的眼淚，內心早已燃燒起滿滿的鬥志，按捺不住對於生涯第二個球季即將到來的興奮之情。「我腦子裡只有籃球，無時無刻想著要進步。我很感謝爵士球迷對我的羞辱，這更加激出我專注投入籃球的熱情，因此對我來說，沒有暑假可言。」

　　第一道課題就是：提升投籃的穩定性。夏天一沒事，柯比就拉著瓊斯和費雪（Derek Fisher）練球，也趁機向瓊斯汲取更多聯盟的經驗談，比如進攻端要注意對手哪些防守小動作，或防守時如何與隊友符合核心的一致性，以及注意互相cover的細節，減少被教練哈里斯挑毛病的機會。因為去年哈里斯一直告誡柯比，必須減少失誤、提升進攻效率。

　　瓊斯早在桑尼希爾時期就與柯比熟識，很清楚他偏執與不服輸的性格。儘管眼看柯比的新人年如此跌跌撞撞，又遭受一些人的輕視與嘲笑，瓊斯依舊認為這樣的困局，反而會讓這位愈挫愈勇的小老弟乘風破浪衝出暴風圈，駛向真正屬於他的舞

臺與風和日麗的光明未來。

開季見真章，成為「球隊的第六人」

　　季後賽失敗當晚，柯比坐飛機從猶他飛回洛杉磯，下飛機後直接跑去帕利塞德高中練球。整個夏天，練球就是柯比的日常，每一位學校管理員都和他很熟，甚至開玩笑這裡才是柯比的家。因為他幾乎每天膩在球場，而且想不透他哪來那麼多的體力與精力，以及那令人驚異的堅持與行動力。

　　一有機會，柯比就向瓊斯討教防守與處理球的一些判斷。當時瓊斯已被外界視為下一個側翼的防守高手，防守預判相當精準，年紀輕輕就是聯盟抄截高手。柯比對此自嘆不如，因而積極向瓊斯請益。

　　沒有練球的時候，柯比會觀看許多影片回顧，包括自家湖人的比賽，了解自己的走位、隊友習慣和理解戰術；研究喬丹的技術也是少不了的，而「一分錢」哈德威（Penny Hardaway）或希爾（Grant Hill）這些新生代好手也名列觀察清單。這彷彿回到兒時興高采烈地等待祖父母寄來NBA錄影帶的時光，柯比對此樂在其中。

　　柯比宛如巨大的海綿般瘋狂吸取四面八方的經驗與技術，再加上他永不懈怠的執行力與毅力，這股勤奮讓身邊所有人都為之驚嘆；教練哈里斯甚至擔心他鍛鍊過頭，或只是猶如無頭蒼蠅般白費功夫。直到開季訓練營，哈里斯才深刻理解到這名

年輕人的進步幅度有多大。

球隊總管衛斯特則對柯比的態度感到欣慰，確信自己當初沒選錯人。衛斯特不像總教練哈里斯那樣杞人憂天，他從這孩子身上看到成為超級巨星所需的驕傲、自信和渴望進步的決心。這使他更加確信，眼前這名勤奮的年輕人將成為紫金大軍未來的核心要角。

衛斯特曾說：「他不斷學習，每次遇上都會纏著我，要從我身上撈點經驗。他看似驕傲實則不然，那只是他在場上建立的態度，私底下他肯學、也認同別人的才能。他認為自己還有太多要學的東西。」

柯比的努力也得到回報。他在訓練營的表現深獲哈里斯肯定，衛斯特也在背後為他掛保證，其餘湖人球員更深深折服於他的競爭力，因此來到他生涯第二年的賽季，哈里斯給予他更明確的定位：球隊的第六人。

夢寐以求的對決，新舊飛人過招

對於還是無法成為先發，柯比雖感失望，但至少自己已經大幅提升球隊地位，朝目標又跨出了一步。去年季後賽的噩夢早已煙消雲散，即便記者刻意提起這件事，問他若時光倒流是否還敢這樣投籃時，柯比也大氣地回應：「當然會繼續投！倘若當時我膽怯不敢出手，沒有勇氣承受壓力選擇了傳球，那才是我無法接受的。我依舊會勇於挑戰執行最後一擊，只不過當時我沒投進，若出現相同的情況我還是會出手。我不在乎別人

怎麼看我。」

　　柯比這番話，加上新的賽季他在場上的風采與表現，以及他的動作，都讓人聯想到一個人：麥可・喬丹。柯比儼然成為聯盟第N個喬丹接班人，而且不得不說，他在場上的舉手投足和流露的傲氣與喬丹極為神似，就連拍攝喬丹無數次的攝影記者伯恩斯坦（Andrew D. Bernstein）也不可思議地說：「柯比在場上打球時，我彷彿看到了喬丹！魔術強森與喬丹都是神奇的球員，他們一站在鏡頭前就自然流露出巨星的魅力與特質；我也從柯比身上看到這樣的潛力，他日後很可能綻放出喬丹或魔術強森的光芒。從他身上彷彿看得到喬丹的動作與舉止，又同時保有他自己的風格。這真的太棒了。」

　　談到柯比與喬丹，隊友范埃克塞爾想到一些趣事。他直言那個夏天柯比向他借了不少關於喬丹的錄影帶，最後半部都沒還給他，顯然這小子反覆研究這位聯盟的超級巨星，企圖將其技術納為己用。極少人能擁有喬丹背框後仰跳投這般美妙的腳步與美感，柯比無疑是當中最接近的仿效者，他也從不避諱就是在複製喬丹的技巧。

　　這一年，柯比不再只是坐冷板凳的替補，自身處境的轉變讓他萬分期待對決芝加哥公牛，畢竟與喬丹過招是他夢寐以求的事，而這願望也在他生涯第二年實現。

　　一九九七年十二月十七日，柯比熱血沸騰地來到芝加哥要踢館公牛。當時許多跡象顯示這場賽季很可能就是喬丹的最後

一年，公牛與菲爾‧傑克森（Phil Jackson）的續約問題讓這位籃球之神萌生退意*，所以柯比很珍惜這賽季與公牛的兩場比賽，一旁的費雪也能感受到他激動的情緒，並且笑著說：「大家都知道他多想與喬丹捉對廝殺，他完全沒在怕的！」

到頭來公牛與湖人的一戰，輸贏並非球迷關注的焦點。所有人的目光都放在喬丹對戰柯比的飛人戲碼。起初喬丹只覺得媒體不斷炒作這位年輕球員，不清楚這毛頭小子的真正實力；然而實際對戰之後，喬丹終於理解到衛斯特為何如此操作。

當晚湖人沒有俠客坐鎮，遭到公牛狠狠慘虐一番，但柯比並未教人失望，替補出發即狂飆出全場第二高的33分，只略遜喬丹的36分一籌，命中率則高達60%。這場新舊飛人的對決之所以精采可期，就在於兩人輪番大秀個人美技。

賽後喬丹接受訪問時甚至說：「面對柯比，我感覺就像在防守我自己。他的確對比賽展現強大的影響力，展現許多進攻招式，和他打球相當有意思。」

更讓喬丹吃驚的是，這名年輕人積極虛心求教的態度。他說：「你們知道嗎？第四節時，柯比一度在比賽中問我低位單打的技巧，他問我雙腳是打開的，還是緊縮的？這讓我感到吃

---

* 一九九七至九八球季，芝加哥公牛總教練菲爾‧傑克森宣布不再續約，沒有傑克森就不願打球的喬丹表示可能跟進，因此傳出這將可能是喬丹繼一九九三年暫別籃壇改打棒球後的再次引退。一部知名紀錄片《最後一舞》（The Last Dance）即以當時全球球迷的疑惑命名，記錄下喬丹從崛起到帶領公牛六度走向總冠軍的傳奇過程。

驚。我除了覺得自己已是老人之外，更驚訝於他的進取。」

　　柯比日後也不斷透過各種方式向喬丹拜師學藝，比如實際在場上切磋，或透過電話請益，從球技到人生態度、職涯方向都不放過。喬丹即便退役多年後，仍不只一次對媒體說，柯比是最像自己的球員，並笑稱他都偷我的技術，而此言無疑是對柯比最大的肯定，因為他正是視喬丹為導師，立志挑戰這位籃球史上最偉大的傳奇。

永不忘學習，走向「曼巴精神」

　　柯比不單單向MJ（喬丹）虛心討教，也對另一位站在世界頂點的MJ做一樣的事。那就是當年風靡全球、有著「King Of Pop」之名的流行樂之王麥可・傑克森（Michael Jackson）！

　　柯比在NBA第一年打得非常沮喪，始終難以施展拳腳，又遭外界輿論抨擊，倍感消沉。某一天他接到一通電話，電話另一頭居然是麥可・傑克森，他簡直不敢相信。

　　當時麥可・傑克森注意到洛杉磯湖人這名高中小伙子，很清楚他鬱鬱不得志，所以想以過來人的身分給予建議與開導，也就此開啟兩人日後的友誼。回想起那段時間，柯比總是感恩地說：「他在我需要時拉了我一把。麥可知道我面臨許多難題，必為此感到徬徨，於是他打電話激勵我，或找我去夢幻莊園＊談話參觀。」

＊ Neverland Ranch，麥可・傑克森位於加州洛杉磯的故居。

其實麥可‧傑克森在不少特質上與柯比極為相似。兩人都極度追求完美，帶著不可思議的狂熱投入所愛的領域，並樂此不疲；彷彿擁有無窮精力來精進自己，達成與別人不一樣的事蹟和偉業；總將挑戰「極致」掛在嘴邊，且絕對不只是嘴上說說，而是全力以赴去實踐。

麥可自小就在流行樂壇聲名遠播，與兄長合組的「傑克森五人組」（The Jackson 5）成為家喻戶曉的樂團。到了青年時期，他從團體單飛獨自闖蕩樂壇，憑藉極具個人風格且神乎其技的月球漫步、新穎前衛的曲風和天籟般的嗓音，以及改變世界對於音樂錄影帶的認知，一舉捧紅MTV，最終走向「King Of Pop」的巔峰神話。

麥可‧傑克森成為後世難以超越的傳奇，被認為是世界上最具影響力的黑人，同時也是偉大的藝術家和慈善家。然而，他一路走來極為艱辛，不曾有過一般人悠閒的童年，幾乎所有時間都泡在錄音室和舞蹈室，或得在舞臺上度過，這也讓他長大成人後常予人童心未泯的印象。

面對如此偉大的成功者，柯比想盡辦法想汲取對方的成功之道。而對於自己正站在十字路口的徬徨處境，他得到了這樣的建議：「麥可告訴我，別被外界發生的任何事所影響，只需『專注』在自己的工作與目標上，盡情享受其中。他告訴我他是如何完成《顫慄》（Thriller）與《飆》（Bad）這兩張專輯，並在各種細節下了多大的努力，而且永不動搖做自己認為

對的事。」

　　而這般成功的態度幾乎貫穿了柯比的職業生涯與人生，成為他受用無窮的一段拜師學藝經歷，壯大他的精神後盾，以及日後偉大的職業生涯，一舉締造出廣受無數球迷尊崇的「曼巴精神」。

　　除了向前述這兩位最偉大的 MJ 學習之外，柯比也向菲爾‧傑克森討教禪學，向歐拉朱旺（Hakeem Olajuwon）學習夢幻步伐，與蓋索（Pau Gasol）的合作相處上更加圓融，晚期也關注柯瑞（Stephen Curry）的單動（one motion）跳投；甚至將已故傳奇動作明星李小龍武術中「無招勝有招」的概念套用在籃球技術上，遵循所謂「氣」的理念。直到退役後，柯比也從未停止他拜師學藝的習慣，而這就是之後的故事了。

　　柯比的成功模式是有跡可循的。從他小時候向父親學習，忘情研究魔術強森的錄影帶，觀摩記錄義大利的偶像麥克‧狄安東尼，在在說明他超乎常人的努力與勤奮；而他在場下那謙遜的一面，也迥異於場上與媒體筆下的狂人形象。

　　一如助理教練德魯所言：「我認為柯比會擁有偉大的職業生涯。他是享受逆境的孩子，倘若環境足以讓他喘口氣，他就想前進下一個挑戰。他全力以赴吸收任何事物，學習欲望非常強。這也是他最獨特之處。他永遠都願意學習。」

Lesson 7

不怕做群體中的異類

「柯比‧布萊恩就像個異類。」早前常有人這麼形容柯比，然而這象徵許多意義。譬如一九九八年賽季，這名洛杉磯湖人年僅十九歲的第六人小子，一舉列名NBA歷史上首位擔綱球隊替補卻選進明星賽先發的球員，甚至刷新魔術強森的紀錄，成為史上最年輕進入明星賽的球員。不管怎麼看都覺得這傢伙的確是個異類。

此時，柯比無疑已是聯盟的當紅炸子雞。從和喬丹蔚為熱門話題的對決，以及場上那充滿視覺饗宴、滿懷熱血的衝擊性打法，以至於瘋狂投入比賽的無窮好勝心，種種一切都讓人很難不將目光聚焦在他身上。

洛杉磯媒體當時就熱烈討論：「柯比‧布萊恩打起球來極為熱血激情，即便只是二年級生，依舊天不怕地不怕。最重要的是，他注重技術，很多動作都令人嘆為觀止，而非只有飛天遁地那麼簡單；再加上他與喬丹互轟三十多分，這話題早就破表。最後，在愛迪達鋪天蓋地大打廣告之下，這一切造就了布萊恩現象。」

對比新人年的不順，柯比來到第二個賽季可謂猛虎出柙，進步幅度之大，從比賽細節上就看得出他用心提升自身不足之處。儘管沒打出明星級的場均數據和穩定性，但他不時就帶給所有球迷驚喜的表現，要不是第六人沒有穩固的戰術地位與上場時間，應該有機會打出星級成績。

而且正如媒體所熱議的，柯比的基本動作與技術就同齡球員而言已精湛到不行，打起球來相當有美感，體格身形、打法與形象也和喬丹有幾分神似。當外界已馬不停蹄地尋找下一位喬丹接班人之際，柯比有如程咬金般殺出來，擄走大多數球迷的目光。

當時愛迪達狂推他的簽名鞋「KB8」，廣告看板與電視也輪番曝光，綜合大環境因素與他積極綻放自己的光芒之下，柯比在明星賽票選一舉奪下西區後衛第二高票，只輸給西雅圖超

音速的裴頓（Gary Payton），這樣的結果似乎並不令人意外。

蓋瑞・裴頓

能將防守者隨心所欲掌控在手中，透過固若金湯的方式限制其發揮，絕對非裴頓莫屬，他也因此有著「手套」的美名。

要談到外圍的防守教科書，人們常常會想起裴頓，因為自一九九〇年代以來，他就是聯盟最偉大的側翼防守球員，生涯總計入選九次防守第一隊。

除了菁英級防守能力，裴頓還是聯盟最會噴垃圾話（trash talk）的球員；一邊守死對手，一邊喋喋不休摧殘對手心志，也是他為人津津樂道的招牌武器。就算眼前的對手是喬丹仍無所畏懼，喬丹生涯冠軍賽得分最低的三場比賽都是拜裴頓所賜，這也是他受到廣大球迷喜愛的原因。

裴頓也是西雅圖超音速於一九九〇年代開創榮光的主要推手。剛進聯盟他就著重於防守端的表現，到了生涯第五年已是場均來到20分的進攻好手；同時憑藉積極的自我鞭策與好勝心，以行動打臉所有質疑他的人。

之後與坎普組成聯盟最具野性的組合，可能還是聯盟史上最猖狂的二人組。但礙於一九九〇年代喬丹大魔王的威力始終與冠軍無緣。二〇〇四年加入湖人渴望搭上奪冠列車仍鎩羽而歸，直到二〇〇六年才在熱火得償所願，不留遺憾地結束了自己偉大的球員生涯。

然而，備受媒體追捧的柯比，讓許多球員心裡感到很不是滋味。他那直來直往、眼中只有籃球以及無懼競爭的性格，不

僅招來了一些爭議，也予人距離感，甚至還被抨擊患有大頭症。

例如在一九九八年全明星賽，他與喬丹對位的一個攻式，爵士傳奇馬龍上前要柯比執行他擅長的擋拆戰術，不料眼裡只想單挑喬丹的柯比不加思索地叫馬龍走開，讓這位上屆年度MVP的NBA巨星氣到直接叫喬治・卡爾換他下來，拒絕讓他再度上場。隨後第四節卡爾直接冷凍柯比直到比賽結束*。

對於卡爾的調度，柯比顯得很大器，他說：「這是傳統，你得讓老將搞定比賽。我已經打得很開心了，還能坐在場邊欣賞比賽過程並吸取經驗。我在紐約打了第一次明星賽，當時與喬丹同臺，考慮到這可能是他最後一年，這對我意義非凡。」談到馬龍的不滿，柯比表示他並無惡意，只是當下沉浸在比賽中，希望打得更具侵略性。但不管如何解釋，媒體都已大做文章。

這段期間柯比得到的巨量鎂光燈，連他自己都感到不可思議。他雖然不排斥，卻也不會因此而自滿。只是他沒注意到，當他變得愈有名氣，就愈可能招致更多的質疑者；在大環境的變化下，明星賽後更高等級的挑戰亦隨之而來。

各球隊開始研究這個竄起的二年級生，防守強度上也端出

---

* 當年的全明星賽，喬丹拿下全場最高23分，率領東區明星隊以135：114擊敗柯比所在的西區明星隊。儘管如此，柯比整場仍拿下全隊最高的18分，僅次於喬丹。

明星級待遇；過往可能只投入七分力道守住這小子，現在則使盡全力殺紅眼，只為了給他一個下馬威。突如其來的轉變讓柯比一時難以適應，他感到撞牆期來臨了。

明星賽前的十五場比賽，柯比場均18.7分，還有48.3%的投籃命中率和39%的三分命中率，就一名替補而言是相當優異的表現；但是明星賽後的十五場比賽，柯比場均得分直接掉到12.4分，投籃命中率大跌至36.9%，三分也同樣下探29%，整體效率可說大幅下滑。

即使面對自己觸礁的表現，柯比也並未停止那向喬丹取經、始終保持侵略性的打法。但這導致教練哈里斯不滿他的團隊觀念，球隊中的老將們也爆出雜音，比如「柯比是不是變得愈來愈自大了？」、「這小子挺自我的。」等批評。

儘管如此，醉心於籃球的柯比根本不去思考球隊或隊友如何看待他，尤其自己正陷入低潮，比賽又常被針對，於是他花更多時間來琢磨球技與觀念。也因此對於隊友邀約吃飯或休假時的玩樂，他幾乎一概不出席，還為此被隊友貼上「孤僻」的評語，被視為難以相處的異類。

對此柯比曾說：「我不清楚那些說我孤僻的聲音從何而來，這可能是因為我過於沉浸在自己的世界。我不看新聞、不看報紙，根本不知道外界怎麼評論我，也因此讓人覺得我傲慢。」

一般人都想和隊友打成一片，建立友好的關係，一同出遊玩樂，就像職業球員普遍愛去酒吧或夜店。但柯比總是群體中

那個不合群的傢伙，每當大夥要聚會，他就是繼續看他的籃球影片，或是抱著球去球場報到。當初發掘柯比的范凱洛*就曾說：「假使高中時就認識他，那麼對於他這種異類般的處事方式一點也不會意外。他會刻意迴避可能讓他分心的事，專注在自己設定的目標前進。這一點他很執著。」

在湖人隊中，較能理解柯比的包括費雪，以及本來就很清楚他個性的瓊斯。對於同梯隊友被視為孤僻的異類，費雪對此解釋道：「當柯比知道隊友不滿他之後，反而在自己身旁築起了一道高牆。那可能是他的防禦機制，而他也不想花時間處理人際關係，他深怕會因此偏離他的夢想。」

與絕大多數人不同的是，柯比老早就設定自己的目標。從孩提時代起，打進NBA、成為偉大球員的夢想就深深驅動他前進，而為了圓夢，懷有雄心壯志的他可以捨棄很多事物。費雪就說：「他想要『起而行』繼續向前，而不是『坐而言』和隊友培養交情。不是他自私或傲慢，而是他只想專注於籃球。他對自己充滿無比的自信。」

如果有人找柯比討論籃球或是打球，他肯定會投入120%的熱情；換作是籃球以外的事，他反而會惜字如金，懶得與人打交道。畢竟他從以前就獨自練球（影子籃球），總是瘋狂鞭策自己，如今只不過是在職業生涯中延續同樣的練習模式。

---

* Sonny Vaccaro，曾任職於NIKE的籃球界權威，是協助柯比從高中跳級進入NBA的伯樂。

全力以赴地練習

　　除了與隊友私下沒有太多互動之外，柯比還有一個特質在隊友眼裡堪稱異類，那就是他在球隊團練時總是竭盡全力、毫無保留。隊內訓練時，他不像一般球員不免會應付了事，簡單打發完教練開出的計畫與菜單後，即可獲得更多的休息時間。

　　但柯比不一樣，他總是將隊友看作敵手往死裡打，拐子、垃圾話、身體激烈碰撞樣樣來，正式上場可能出現的情況一應俱全，一點也沒在客氣的。但或許更應該說，他也享受隊友以同樣的態度對待他，在他的觀念裡這才叫做訓練。

　　如此毫不保留的練習態度只有瓊斯能適應，畢竟兩人以前在桑尼希爾聯盟就是這樣度過，通常練場球下來雙方身上都會有抓痕，嘴角見血也屢見不鮮。即使練習也不讓步，拚就對了。

　　對於柯比來說，練習就認真練，要不就別練，這正是他看待任何事的態度：要做就做到最好！儘管其他人眼中這小子就是找碴、不合群、沒有長幼有序的倫理觀念，但柯比才不管別人怎麼看自己，就算對上俠客歐尼爾訓練，他也要這位龐然大物的巨星隊友照單全收，根本沒在怕，也絕不妥協。

　　於是練球時柯比也被視為怪咖，不少隊友看他不順眼。然而費雪認為，這才是所有隊友與整個團隊應該培養的競爭意識。柯比的精神無疑是尋求成功者的典範。

一般來說，當群體裡的異類並非好事。但柯比完全不妨礙隊友或團隊，只是埋首做著自己認為對的事，一心一意追求卓越，避開讓自己分心的雜音，持續穩健地走在一步步鋪設的夢想之路上。與此同時，他也信奉自我要求的原則，訓練時不因多數人敷衍了事就隨波逐流。

　　或許這種特立獨行的處事作風，導致柯比不受多數隊友歡迎。可是他必定比別人離成功更近一步。當成果逐漸浮現在眾人眼前，他身邊的人也了解到他的用心之後，無疑將贏得更多人的尊重。費雪曾說：「我不確定當時我是否喜歡那樣的柯比，但我得說隨著時間過去我被他感動，很欣賞他的熱情與態度。到最後，他默默贏得了我滿滿的尊重。」

Lesson 8

躲不掉的壓力就化為動力

要想別人認同你、接受你，要想成功，就不能害怕壓力，不能在意批評；相反地，你要頂住壓力，將眼前的阻礙視為砥礪你的大石，然後化為無窮的動力。柯比與俠客聯手締造偉大的榮耀之前，就是這樣熬過來的。

一九九八年賽季，柯比雖然成為史上第一位球隊第六人成為明星賽先發的球員，也創下史上最年輕球員入圍明星賽的紀錄，看似美好的職涯即將來臨，新人年的不順遂也看似已拋諸腦後。但現實並非如此，他承受的是隨之而來難以想像的壓力。

這一年，柯比打出虎頭蛇尾的賽季。明星賽後不只對手積極針對他，隊友和教練也對他頗有微詞，而年紀輕輕的他不善溝通，只能將不滿與更多話語藏進心裡，導致與隊友的關係愈發疏離，甚至被認為態度自大傲慢。

雪上加霜的是，自從俠客與柯比雙雙來到洛城後，湖人的季後賽戰績都不盡理想。一九九七年大家很熟悉了，俠客犯滿離場後，柯比藝高人膽大想扛起球隊卻連續投了麵包，爵士也輕鬆4-1淘汰這支年輕的紫金大軍。

內外交迫，化壓力為助力走出撞牆期

儘管一九九八年柯比的確變得更強、也更穩，成為足以影響球隊的戰將（第六人），但下半季他陷入撞牆期，整個三月打得很糟糕，連他躍躍欲試的季後賽舞臺也大多吃鱉。

原先滿心期待的盛大舞臺，柯比上場十一場僅三場得分上雙；除了他本身表現起伏很大之外，教練哈里斯的調度再度令他摸不著頭緒。身處雙重的挫折下，柯比打出了教人失望的季後賽之旅，湖人的西區冠軍之路也遭到馬龍與史塔克頓的猶他爵士以4-1再度狠狠修理一番。

柯比當時也說：「很挫折。我的表現的確不夠好，球隊也沒挺過難關。」他一整年下來備受媒體愛戴，瘋狂曝光，還被譽為喬丹接班人、聯盟未來之星，沒想到季後賽卻表現得如此乏善可陳，酸民及尖酸刻薄的媒體也立時抓到打落水狗的機會，輪番襲來的壓力遠比他那時連續投麵包還巨大許多。

　　不少隊友也對柯比的特立獨行與孤僻性格心生不滿。而更讓他難受的是，最了解他、最能談心的瓊斯在一九九九年賽季中被交易到夏洛特黃蜂，等同於隊上最挺他的人已經離開，他頓時陷入內外交困的嚴峻處境。

　　當時，柯比幾乎可說被無數人以放大鏡來檢視，球隊一輸球，他就成為最受關注與檢討的對象。「又是他打得太自私」、「又是這小子犯錯」，媒體或更衣間都不時傳出這些雜音，柯比也漸漸和隊友疏遠起來，球隊氣氛變得十分詭異，無論哈里斯還是季中接下烏紗帽的蘭比斯（Kurt Rambis）都無法有效解決這個問題。

　　對於教練團與高層而言，最棘手的還是俠客與柯比的心結從檯面下逐步浮上檯面。起初俠客很想和這年輕小伙子打好關係，但兩人的性格與處事風格全然南轅北轍。

　　俠客就像個仍懷抱孩子心性的大哥，愛笑也愛嬉鬧；柯比則像是內心住著老靈魂的年輕晚輩，不苟言笑、實事求是，兩人站在冰與火的兩端，這場爭鋒相對隨著時間一點一滴積累而成。

俠客很愛開玩笑，偶爾耍耍嘴皮子，並非全然出於惡意；可是個性很直的柯比會當真並且記在心裡。俠客總愛說柯比是愛現鬼，還會以略帶嘲諷的口氣、與隊友（俠客派）一同在更衣間起鬨柯比是球隊未來的臺柱。

身為孤鳥的柯比起初還忍耐著，笑笑地應付過去，可時間一久，內心逐漸累積的不滿一點一滴蓄勢待發，而這可能更多反映在練球時的狠勁。好死不死俠客正好屬於練球時漫不經心的類型，這點讓重視團練的柯比完全看不下去，導火線就此爆發。

慢慢地，柯比也不演了。兩人除了在練習時爆發肢體衝突，更常互噴垃圾話，透過媒體相互指責也早已不是新鮮事。好在當時老將哈珀（Derek Harper）居間調停，緩和彼此情緒，否則球隊簡直就是不定時炸彈。

俠客時常對外界放話：「有柯比在的球隊就無法奪冠。」這無疑迫使柯比更想在場上展現自己的主宰力，打出更多破壞團隊配合的打法。其實柯比很清楚這是不對的，但他就是想向俠客證明這一點。對於內心的這些矛盾，他曾說：**「我從喬丹的身上發現，要真正成為一名與勝利畫上等號的球員，必須在主宰比賽的同時，還要避免犧牲團隊。我認為這是最難的一課。」**而每每為了要反駁俠客的說法，讓柯比一個頭兩個大，兩人的關係就此惡性循環下去。

儘管一波又一波巨大的壓力落在柯比身上，湖人高層看在

眼裡，暗暗慶幸他並沒有因此被擊垮。即使有時候看得出來他快喘不過氣幾乎要爆炸，還是能夠適時將每一股負面能量轉化為成長的養分。

　　來到生涯第三年，柯比又大幅提升自身實力，場均得分來到19.9分、5.3籃板、3.8助攻、1.4抄截、1阻攻，投籃命中率來到頗具水準的46.5%，距離明星級的場均二十多分差距微渺。得分之外的表現也全面上揚，穩定度上更是克服了第二年虎頭蛇尾的問題。顯然柯比已是湖人隊中僅次於俠客的頂尖球星，也讓其餘球員除了服氣無話可說。

　　柯比在季後賽也蛻變不少，已是球隊能仰賴的側翼武器。尤其第二輪當俠客受困於馬刺雙塔*，又被駭客戰術搞得心浮氣躁時，柯比常常肩負起球隊中挺身畫出破口的利刃，縱使較勁過程略顯起伏，但藝高人膽大的風格與耀眼的天賦都讓馬刺教頭波波維奇（Gregg Popovich）相當驚嘆。

　　只不過湖人依舊遭到馬刺4-0無情橫掃，這已是他們連續三年在季後賽慘敗收場，屢屢挫敗也凸顯出球隊內部團結問題。當時外界就認為俠客＋柯比這個組合明顯行不通，湖人必須在這兩人當中做出抉擇；再加上俠客持續對外放話有柯比就無法奪冠，希望球隊換哈德威或希爾（Grant Hill）進來。

---

* Twin Towers，指聖安東尼奧馬刺的兩大中鋒羅賓遜（David Robinson）和鄧肯（Tim Duncan）。

「禪師」化解雙星心結，開啟紫金王朝

眼看球隊面臨四分五裂，球隊老闆傑瑞・巴斯（Jerry Buss）高薪聘請來一位足以改變湖人的關鍵人物。這個人就是曾經指導喬丹、皮朋（Scottie Pippen）、成功讓「小蟲」羅德曼（Dennis Rodman）變得服服貼貼，帶領芝加哥公牛創下二度三連霸的「禪師」菲爾・傑克森。

菲爾・傑克森與泰克斯・溫特（Tex Winter）的到來完全質變了湖人隊。除了由溫特成功導入「三角戰術」；而要解決俠客與柯比隱隱然的對抗與爭端，就交給素有老狐狸之稱、善於心理戰的菲爾。

觀察球隊一陣子之後，菲爾很清楚柯比的抗壓性極強，簡單來說他並不像一般年輕球員，持續對他施壓似乎可以激起他更強的反撲欲望。看準了這一點，菲爾面對球隊的派系刻意站在俠客這方，這無疑更加激怒柯比的不滿。

但菲爾的厲害之處就是會適時賞甜頭，抑或看準時間踩球員的地雷；一手胡蘿蔔、一手棒子如此相互拉扯來激勵球員。加上他懂得因材施教，因此就算柯比再不滿，也就摸摸鼻子放過，而且菲爾所擁有的榮耀、與喬丹的淵源，都讓柯比不得不信服。

在菲爾的調教下，湖人不再是一支重攻輕守的球隊，這賽季團隊進攻效率來到聯盟第五，依舊維持高檔水準。團隊防守效率更從前一年的第二十三名直衝到聯盟第一。這是紫金大軍

最關鍵的蛻變。

　　溫特不停向柯比灌輸一個觀念：要成為喬丹這種等級的超級傳奇，必須攻防俱佳。於是整個夏天和賽季，柯比花費非常多心思來提升自己的防守質量，還向裴頓拜師學藝，著重請教如何防守擋拆，何時該換、何時該貼，盡可能吸收經驗與知識，並改變賭博式的防守習慣。

　　如此一來，柯比在防守端大幅成長，並於賽季入選年度防守第一隊。能與裴頓、鄧肯、賈奈特、莫寧（Alonzo Mourning）並列一隊，正是他努力了一個夏天最美好的回饋，也引領他走向進攻防守一把罩的勝利之路。

　　另一方面，菲爾會以柯比防守上的出色來激勵俠客，迫使原先防守較常偷懶的他於賽季中卯足拚勁，防守端的專注力明顯判若兩人。即使兩名大將之間時有爭吵，俠客一逮到機會仍會搬出柯比在就奪不了冠軍的理論；柯比也毫不客氣，私下多次表示：「這傢伙每次訓練都不積極，甚至不好好保持體態，就是一個蠢蛋與小丑。」

　　不過，兩人的關係雖未好轉，卻也沒再惡化下去。更重要的是，他們在二〇〇〇年賽季目標一致：擺脫前三年雷聲大雨點小的態勢，在季後賽帶領球隊闖出一片天。因此整個賽季，湖人這兩位當家球星都繃得很緊，扛著無比的壓力提升自我實力，為湖人打出 67 勝 15 敗的佳績，不僅是聯盟之冠，還是湖人隊史第二佳的成績。

　　俠客在這一年以 29.7 分拿下聯盟得分王，柯比也繳出 22.5

分6.3籃板4.9助攻1.6抄截的全能數據，正式晉升聯盟明星水準。毫無疑問，他就是湖人的王牌之一，同時也是聯盟側翼端最具破壞性的武器之一。曾經也是飛人、並與喬丹共事過的哈潑（Ron Harper）就說：「聯盟沒有任何一個側翼防守者能一對一守住柯比。這小子的敵人是自己，他只需更精準掌握投球與傳球的時機。」

季後賽就是湖人雙星與眾將克服心魔的時刻。首輪迎戰國王即陷入苦戰，然而，俠客與柯比各自發揮難以阻擋的主宰力，分別以場均29.4分和27.8分，一內一外澈底撕裂國王的防線；尤其在關鍵第五戰，團隊找回防守專注力與態度，阻擋普林斯頓*攻勢，最終拿下大勝，順利挺進第二輪。

系列戰結束時，溫特表示國王的頑強為湖人帶來很棒的成長養分，讓拿下聯盟第一的湖人赫然驚醒，絕不能一味沉浸在例行賽的喜悅中。季後賽完全是另一個世界、另一個舞臺，一不小心就會慘遭滑鐵盧。溫特當時語重心長地說道：「我很高興俠客與柯比挺住了！我相信他們會愈來愈好。」

上緊了發條，湖人第二輪面對太陽打得更得心應手。柯比在第二場最後二十秒時，獲得菲爾授權執行最後一擊，一肩扛起進就贏、不進就輸的壓力；俠客也配合戰術站在底線拉開空間。隨著柯比運球過中場，直接在弧頂發動交叉步過人（Crossover），先是略微晃掉基德（Jason Kidd）的防守重心，

---

*由曾任普林斯頓大學總教練的皮特・卡里爾（Pete Carril）創始的進攻戰術體系。

接著往前突進急停跳投，就在基德與羅傑斯（Rodney Rogers）緊貼下，還能高難度地拉一小桿投出，球就此應聲入網，場邊的湖人球迷為之瘋狂，連俠客都顯得相當興奮。

談起這顆關鍵致勝球，菲爾指出：「其實基德守得非常到位，還有羅傑斯補上，但柯比還是靠著他出色的能力與膽識投進球。實在不簡單，這一球扭轉了整個系列賽的走勢。」湖人也憑藉著氣勢最終4-1淘汰太陽，再次來到連俠客都有心魔的分區冠軍舞臺。

西區冠軍湖人要面對的是眾星雲集的波特蘭拓荒者，這也是季後賽前外界就預測的王對王。拓荒者有當代最全面的小前鋒皮朋、天賦異稟的禁區好手華勒斯（Rasheed Wallace）、美夢射手（Steve Smith）、曾拿下最佳新人的太空飛鼠史陶德邁爾（Damon Stoudamire）、第六人大師史倫夫（Detlef Schrempf），以及歐洲第一中鋒薩博尼斯（Arvydas Sabonis）。

湖人在系列戰先聲奪人，打出了非常好的3-1開局。儘管Game 2時，團隊猶如失魂般慘遭拓荒者痛宰29分，但團隊立刻調整過來，俠客持續在禁區施壓打出優勢；柯比則在外伺機而動，關鍵時刻或當俠客陷入駭客戰術危機時挺身而出。眼看挺進總冠軍只差一場勝利。

或許正因為離成功僅一步之遙，湖人接下來兩戰表現都失去水準；加上拓荒者這群老將打出頑強的態勢，戰局頓時被扳成3-3平手，雙方必須在Game 7一翻兩瞪眼。當時外界都認

為，經驗老到的拓荒者很有機會一鼓作氣淘汰湖人，以直落三的方式讓噩夢再次降臨在湖人身上。

第七場的發展就一如那些看衰湖人的預測，打到第四節開局湖人還落後多達16分，眼看就要被淘汰。與以往不同的是，這一次沒有人提早放棄比賽。在總教練菲爾與溫特的激勵，以及俠客與柯比以身作則之下，湖人上演了NBA歷史上著名的反撲大戲。

在這關鍵時刻，柯比展現了他的好勝心與永不放棄的態度，由他為首建立強悍侵略性的外圍防守；俠客則積極鞏固禁區，這讓拓荒者第四節開局一度連十投不中，給了湖人一舉反攻的機會。這時俠客與柯比發動反擊，搭配蕭（Brian Shaw）與歐瑞（Robert Horry）猶如及時雨的三分彈支援，湖人不僅逆轉比分，還在最後五十六秒取得4分的領先優勢。

湖人若下一波進攻能進球，即可取得6分領先，幾乎等同宣告拓荒者死刑，所以這一波攻防非常重要。柯比持球操刀，對上眼前的防守大師皮朋，他持續以飄忽不定的節奏變換試圖撕裂防線，這完全吸住了拓荒者團隊的防守目光。

當禁區防守者也被柯比吸引而趨前時，他與片刻獲得空檔的俠客對上眼，直接來個空拋妙傳助俠客完成一記雷霆萬鈞的單臂暴扣。那一瞬間整個史泰博中心*的人都沸騰起來，因為

---

* Staples Center，為洛杉磯湖人等職業球隊主場，一九九九年啟用至今。二〇二一年末更名為Crypto.com球場（Crypto.com Arena）。

他們知道，總冠軍賽我們來了！

　　俠客興高采烈地雙手指向看臺，柯比也緊握雙拳，他們兩人都知道這場勝利以及終於邁向冠軍舞臺多麼得來不易。賽後俠客誇讚柯比是個偉大的傢伙，柯比則驚豔於俠客的灌籃：「我以為我傳高了，但俠客跳得更高，直接狠狠地將球塞進籃框，真的太猛了！」

　　迎向萬眾矚目的冠軍賽，湖人對上東區強權印第安那溜馬，他們有聯盟最出色的外圍攻勢，有偉大的殺手米勒（Reggie Miller）坐鎮，後面還有「東鳥」柏德（Larry Bird）運籌帷幄，同樣是難纏至極的對手。

雷吉‧米勒

一九九〇年代，殺手形象和特質強過如日中天的喬丹的NBA球星：印第安那溜馬的傳奇圖騰米勒，他的「米勒時刻」（Miller Time）*總是讓對手聞風喪膽，加上他好戰狂傲的性格，紐約甚至將他視為公敵，也以此方式致敬這又愛又恨的對手。尤其是米勒曾在8.9秒砍下8分絕殺的事蹟簡直不可思議。

米勒也是歷史第一位三分球代名詞，長期霸占聯盟例行賽與季後賽最多三分進球數，多年後才被艾倫（Ray Allen）與柯

---

* 指米勒在比賽中最後幾秒出奇制勝的三分球。之後也將比賽最後轉敗為勝的倒數幾秒稱為「米勒時刻」。

但顯然溜馬在陣容配置上不像拓荒者足以壓制湖人，俠客在禁區簡直能以翻天覆地來形容，斯米茨（Rik Smits）完全被打爆，系列戰俠客平均狂轟 38 分、16.7 籃板，光是禁區優勢雙方就落差很大。所以，即使柯比在系列戰腳踝嚴重扭傷，Game 3 還撐著枴杖在一旁看球，紫金大軍依舊能沉穩抗敵。

Game 4 對於溜馬來說非常關鍵。如果贏球就能追平系列戰，雙方鹿死誰手就很難講，同時士氣也會大為提升。因此，溜馬在這一戰可說精銳盡出，全力要打出一場高競爭力的比賽，也使得這一場雙方你來我往，比分咬得非常接近，最終打進延長賽。

柯比在這一場打了止痛針，帶著腳傷上陣。但他完全看不出來受傷，動作依舊刁鑽。再一次，柯比殷切期盼的屬於他的時刻即將到來。這次他想全力以赴牢牢把握住，證明自己的本事，絕不能和上次一樣顏面掃地。

那是延長賽僅剩兩分多鐘之際，俠客關鍵時刻六犯畢業，可湖人當時只保有3分領先，隨時可能被溜馬翻盤。身為巨大優勢的俠客離場，對於湖人士氣無疑是一大沉重打擊，溜馬那頭則歡欣鼓舞準備吹起反攻號角。

這個時刻，就彷彿一九九七年湖人與爵士的最後一戰，俠客關鍵時刻離場，隊上沒人敢扛起重擔，只有菜鳥柯比無所畏懼，但很遺憾最終投出四個麵包球顏面掃地，並在當時被大加恥笑，留下了令他記憶至今的汙名。

所幸柯比完全不怕壓力，應該說他反而更加享受壓力。俠客下場時，他走在一旁告知大哥別擔心，他會扛起重任帶領球隊拿下勝利，絕不會給溜馬扳平。這次他說到做到。

「當所有人覺得湖人有大麻煩了，柯比卻想著『該我接掌戰局了』。他完全不懼怕壓力。」溫特說道。就在這千鈞一髮之際，柯比接連投進三顆關鍵跳投，成功在驚滔駭浪中帶領湖人拿下3-1的領先，最終湖人順利帶回後魔術強森與賈霸時代的第一座冠軍。

柯比不僅完成他夢想中一道關鍵的環節，更以行動證明俠客口中有他就沒有冠軍的言論大錯特錯。柯比與俠客也在首度奪下冠軍後建立起一定的羈絆，哪怕個性依舊不合，但他們很清楚，只要兩人目標一致，攜手奮戰，聯盟沒幾個人阻擋得了他們。也正式向世人宣告，恐怖的「歐布連線」降臨聯盟。

奪冠前幾個賽季，柯比所承擔的壓力從四面八方席捲而

來，其間的沉重令人不敢想像。然而他在拚鬥的過程中即便遭遇阻礙、外界的誹謗與看輕，甚至隊友言語上的中傷，抑或成長上的侷限、恐懼和比賽壓力，他都挺了過來，並蓄勢待發，將這些壓力化為動力。

這一直是柯比讓人欽佩不已的特質，也是當我們面對壓力與挫折時值得借鏡效法之處。壓力與動力是並存的，端看你如何正面地運用它們。

Lesson 9
以幽默感轉換心境

　　「我就是那個不傳球的男人。」對於柯比來說，最關鍵的轉變在於他開始學習以「自嘲自省」的方式調適心情，藉著幽默來釋懷外界的閒言閒語，同時回過頭來檢討自己。比如，在隊內對抗賽，當他的隊伍領先時，柯比會開玩笑地跑到菲爾面前要求上場，並說：「請給我搞砸比賽讓對手逼近分數的機會。」這樣的改變無疑緩和了團隊氣氛，隊友甚至還開懷大笑起來。

當洛杉磯湖人在總冠軍賽Game 6以116-111擊敗印第安那溜馬，全隊上下所感受到的喜悅難以言喻。即使湖人天賦異稟，而且從俠客‧歐尼爾來到西岸好萊塢後，就一直處於奪冠的熱門名單中，但外界始終認為湖人還不夠格。況且俠客與柯比這對絕代雙驕對立的雜音不斷，別說競爭歐布萊恩盃，說不定在這之前就會分崩離析。

　　不過為了歐布萊恩盃及各自的企圖心，再加上菲爾‧傑克森那老狐狸般的智慧，都促使俠客與柯比以實際行動做出最美妙的回應。二〇〇〇年賽季是大豐收的一年。

　　二〇〇〇年賽季，湖人不僅拿下總冠軍，俠客還一舉奪得聯盟得分王（29.7分）並入選年度第一隊，更誇張的是他完成所謂「MVP大滿貫」的榮耀。也就是拿下明星賽MVP、例行賽MVP與冠軍賽MVP三項殊榮。NBA歷史上只出現兩個曾達到此一高度的傳奇：那就是紐約之王威利斯‧瑞德（Willis Reed，一九七〇年），以及被譽為籃球之神的麥可‧喬丹（一九九六年、一九九八年）。因此，這也無疑是俠客生涯最巔峰的一刻。

　　柯比儘管沒能達到俠客這樣的成就，卻也馬不停蹄地奮起直追！首先，他將自己得分提升到20＋的明星級水平，場均22.3分6.3籃板4.9助攻的數據也非常全面，連隊友哈潑也佩服地說：「柯比打球的動作及這樣全能的數據，真的讓人感覺與喬丹有幾分神似，只是得分少了一點而已。」

　　不只是進攻端有所成長，柯比還遵循喬丹所說的，要做一

名攻防俱佳的球員才能真正主宰比賽，在這賽季更進一步展現自身的防守能量與狠勁，並因此獲得年度防守第一隊的肯定，正式建立起防守端悍將的形象與本色。

只不過這些和俠客比起來簡直小巫見大巫，但柯比並不洩氣，他很清楚自己的努力付出已率先得到回報，也就是證明那些宣稱有他就無法奪冠的言論是多麼地愚蠢。接受訪問時，柯比也不避諱地表示：「我為俠客的榮耀感到驕傲，我也很清楚屬於我的時刻很快會到來。你們等著看吧。」

毫不意外，柯比於湖人奪冠後休息沒多久就開啟了瘋狂特訓。有鑑於去年與溜馬冠軍賽經歷生涯最嚴重的腳踝傷勢，他意識到與對手廝殺時不能太依賴過人的運動天賦，必須打得更聰明輕巧，同時保持侵略性，營造出新的打法，提升自己的主宰力。柯比對此就說過：「那次重大傷害（腳踝）之後，我知道自己必須找到一套新的打球策略，什麼適合做、哪邊可全力施展，進而了解與界定出來。假使我只剩一隻腳踝能用，我還是得將優勢掌控在自己手上，依循這個方向調整打法。」

柯比每天進行至少兩千顆投籃訓練，積極將自身的各類武器持續提升到更穩定的階段，藉此增加十五呎外的投射能力；並投入重訓，努力增加肌肉肌群，除了增強對抗性、降低受傷風險外，還有利於進行任何角度的突破，更加無畏於身體碰撞。最終透過技術與力量的結合，摧毀迎上眼前的防守者。

再搭配他所改善、比以往更流暢的投籃姿勢，不僅出手點

較高，身軀挺直，肘與手腕的拉弓直角也更標準漂亮。這一切辛苦的琢磨都讓柯比持球攻堅上愈發犀利且變化多端，並可抓準對手的防守漏洞，箭步突破後馬上接個急停投籃；或接個壓肩變速施展交叉步過人，將防守者重心晃倒，無情地揚長而去，來個華麗的收尾震撼全場。無論在無視防守者的強投與自信上，皆不可同日而語。

湖人訓練員維蒂（Gary Vitti）對此曾印象深刻地表示：「通常奪冠或達到目標後會讓人不由得鬆懈下來，但柯比反而更加瘋狂上緊發條，這也讓他在各個面向上取得全面的進步。」

對比之下，俠客在二〇〇一賽季的開季訓練營報到時，身材完全走樣，體重也遠遠超標，狀態遠遠達不到應有的競技水準。不只是他，其餘湖人球員也幾乎身陷類似的問題，唯有柯比和福克斯（Rick Fox）做好充足的備戰準備，早已調適到隨時能上場的狀態。

當然，對於一支上季奪冠的球隊而言，大多數球員因此鬆懈下來是很普遍的現象。但看在高度自我要求的柯比眼裡，很難接受身為領袖的俠客抱著這樣的心態回歸，兩人原本看似漸漸舒緩的關係又埋入了火苗。

果不其然，俠客開季力不從心，原本十拿九穩的球都放不進，連罰球命中率也下探到30%不到的掙扎處境下，這等同於給了柯比扛起大旗的舞臺。而柯比也不負眾望，前三十場比賽繳出平均29.8分5.1籃板4.8助攻的巨星數據，一舉躍居聯盟得

分王寶座。一如哈潑曾提過，柯比愈來愈像喬丹，也不再讓同梯的艾佛森（Allen Iverson）專美於前，就像公開宣示：「給我球權，我也有能力競爭得分王！」

艾倫‧艾佛森

身為「傳奇梯次」96梯的狀元，艾佛森沒有愧對他的位置，不管在籃球場上的狂熱表現，或是將嘻哈街頭文化導入NBA，都帶來衝擊性的影響力。除此之外，艾佛森還是以小搏大的代表人物，身高僅一百八十三公分卻能在長人林立的禁區直搗黃龍、殺進殺出，毫無所懼面對碰撞，不負他被廣大球迷譽為「戰神」的名號。

二〇〇一年，艾佛森拿下年度MVP的至高榮耀，還一舉帶領球隊殺進總冠軍賽，那年季後賽他宛如打不倒的小巨人，全身帶著無數小傷仍繼續衝鋒陷陣，屢屢轟出40分、50分。儘管最終未能跨過紫金大軍這關，但那年表現已被奉為經典中的經典。

艾佛森也是歷史上偉大的得分手，四屆得分王得主，同時也是NBA史上的Crossover（交叉步快速過人）大師，戲耍對手的畫面屢屢上演，也是許多後輩追趕學習的技巧。他的球壇地位在許多球迷心中已是無可取代。

然而，柯比卯起來飆分的態勢讓俠客漸生不滿，雙方的矛盾再度浮上檯面，「自私」的標籤又一次被貼在他的身上。俠客鬧起了脾氣對外放話：「柯比的自私是球隊戰績不如預期的

原因。」柯比則不甘示弱地回應：「俠客不保持身材導致狀況百出，他怎麼不說自己在場上到底做了什麼？」

火上加油

只是在這齣好萊塢鬥爭狗血劇中，總教練菲爾一直站在俠客那邊。對於俠客的言行，菲爾總是睜一隻眼閉一隻眼、格外寬容；換成了柯比，菲爾卻嚴苛到不行，錙銖必較，甚至常搬出激將法來影響其情緒。外界對此是霧裡看花，搞不懂菲爾背後真正的用意。這也讓柯比感到萬分沮喪。這個夏天他瘋狂鍛鍊提升實力，儘管打出成績卻仍被批判。他覺得自己遭受差別待遇，當艾佛森或文斯・卡特（Vincent Carter）等同世代對手獨攬大局，場上狂飆分湧來無數讚揚之際，就屬他被罵得最慘，而且還是身邊的人（菲爾）如此對待他。

更讓人不解的是，菲爾接受《芝加哥太陽報》訪問時，竟然說自己曾聽說柯比在高中打球時會「刻意搞砸比賽」，再力挽狂瀾如救世主般扭轉比賽成敗，沉浸在屬於自己的英雄主義之中。

菲爾這番毫無根據的發言引起軒然大波，不僅柯比為之跳腳，連同為教練團的溫特都不能接受；湖人內部高層同樣也相當不滿，認為菲爾操控團隊氣氛上似乎稍顯過火，老闆巴斯更是首當其衝，後因女兒珍妮（Jeanie Buss）與菲爾的關係*，以

---

* 現為洛杉磯湖人總裁，年輕時協助父親巴斯的運動事業，也曾是「禪師」菲爾的未婚妻，後於二〇一六年解除婚約。

及不想延續紛擾，於是選擇低調處理。

　　這件事也讓柯比與菲爾之間出現巨大的裂痕，加上俠客在一旁火上加油，二○○一年賽季前半段湖人就處在這般動盪不安的局勢，一點也沒有衛冕冠軍的氣勢。紐約媒體見獵心喜，紛紛見縫插針寫道：「湖人以為選柯比來是要做俠客身旁的皮朋，但顯然柯比要當的是喬丹。」

　　正當外界準備收看湖人自我毀滅的好戲，柯比與俠客就在關鍵時刻懸崖勒馬。就如魔術強森曾在媒體前侃侃而談：「在輿論壓力下，這些年輕人會適時成長，七嘴八舌的會閉嘴，球隊會漸漸步上軌道。」

　　而這一次，柯比儼然像個掌舵者。竟然外界如此看待自己，那就選擇改變，不再執著當進攻箭頭，並且放下承擔一切的想法。與其瘋狂獨自向前衝，更著重於扮演球隊的運作齒輪；不執意當終結者，而是耐心地參與組織，放下身段，以俠客為球隊核心。

　　過往，柯比一直是不苟言笑的代表人物；而這麼湊巧地俠客又充滿了玩心、極愛開玩笑，這當然讓兩人很容易擦槍走火，陷入水火不容的處境。但隨著這賽季柯比忽然開始自嘲起來，同時轉換心境，不時檢討如何扮演好球隊中稱職的角色，俠客也不免感到心虛，改以成熟的心態表示：「我必須保持好身材，守好那該死的禁區，做個負責任的人。」

　　柯比下半季的轉變讓湖人彷彿重拾冠軍之鑰的希望。總是

在一旁細心觀察且支持柯比的助理教練溫特，對此大為肯定，周遭的人也都看到他變得更為成熟。柯比的自嘲不僅降低被情緒影響的機會，還能多少拉近與其他人的距離，這樣的轉變絕對比他增進球技實力還來得重要，因為在自我鍛鍊上他從不需要人擔心。

人們可能會忽略幽默感對於身心、甚至職場那股巨大的影響力。尤其是自我解嘲，這麼做可以抒發情緒，還能改變自身主觀的想法，進而認識到不同人眼中的自己，如此一來才是自省的起點。尤其在群體環境，還可做為潤滑劑來緩和氣氛，解開紛爭的心結，影響層面相當廣。

在這個賽季，柯比學會以幽默感調適情緒，將別人的玩笑話甚至惡意批評、謾罵一笑置之，甚至嘲諷起自己。他也透過這樣的心境來審視自身的打球方式，最終締造出「OK連線」最震撼人心、且所向無敵的一刻。

Lesson 10
懂得變革，尋求突破

回想當時，柯比表示那時他嘗試以更聰明的方式來打球，懂得以幽默調侃自己，也以不同的角度檢視自己。既然過度的單打獨鬥無法帶來勝利與讚譽，就得正視本能做出革新，在一些情況下與本能對話，思考是否該做出自己也能坦然接受的改變，藉此打破現狀並尋求突破。柯比逐漸找到方向：「何時該以團隊為重？何時適時跳出來當殺手？」他內心那道切換的開關已然形成。

湖人正戲劇性地主宰比賽，劍指歐布萊恩盃。

二〇〇一年三月中之後，紫金大軍的內部氣氛出現大幅改善。其中柯比的改變是重要的催化劑，俠客也隨之跟上，季末開始上緊他「大鯊魚」的發條，加上重要的綠葉費雪傷癒歸隊，團隊剎那間擺脫紛亂的漩渦，駛向正確航道。

即使柯比季末也因傷缺席不少比賽，但誓言扛起球隊的俠客，的確再次成為各隊的禁區夢魘，澈底擺脫上半季的低潮。最後九場比賽平均33.7分12.6籃板3.4助攻2.2阻攻，無可匹敵地宰制籃下；連被外界譏笑的防守，他態度上也是繃緊神經、全力以赴。振作起來的俠客讓柯比完全信服，兩人緊繃的關係也再次緩和，齊心協力引領紫金大軍披荊斬棘，湖人四月則以八勝一敗幾乎完美收尾，還締造出八連勝準備前進季後賽。

儘管二〇〇一年五六勝二六敗的戰績不如去年的六七勝一五敗，但到季末團隊的凝聚力不僅讓對手膽戰心驚，球迷也紛紛感到驚嘆。忽然之間，湖人這對絕代雙驕再度雙劍合璧，成為聯盟最具破壞力的內外連線，角色球員也信心滿滿地圍繞在兩人身旁。

當兩個好強的年輕人願意攜手合作、排除萬難，懷抱共同的目標衝刺時，對於團隊的化學效應可說顯而易見。許多問題迎刃而解，而洛杉磯球迷期待的Showtime也隨之而來。

柯比願意多方扮演組織的角色，以俠客為中心作戰，幫助團隊順利運作；然而到了關鍵時刻，他選擇跳出來拯救球隊，

打出自己擅長且喜愛的進攻風格，與俠客交錯主導比賽，這套模式簡直讓紫金大軍的氣勢雷霆萬鈞，如入無人之境。

「OK連線」登場，投與傳之間最好的選擇

二○○一年下半季，是柯比球風踏進新階段的重要旅程。雖然很多時刻他依舊想靠一己之力贏得比賽，但更多時候他懂得在投與傳之間做出更好的選擇，這不僅增加了他對於比賽的正面效應，也減少許多閒言閒語。既然這樣的方式有助於贏球，何樂而不為？湖人就在柯比的改變之下出現了巨大的變化。

季後賽首輪對手遇到去年西區冠軍波特蘭拓荒者，外界原以為系列戰可能會再次上演纏鬥的戲碼。然而，跌破眾人眼鏡，拓荒者完全是一面倒地挨打。僅僅過去一年，柯比已不可同日而語，他與俠客的擋拆打法更加純熟且致命，俠客又處在最佳狀態；另一方面，皮朋、薩博尼斯和史倫夫都超過三十五歲，場上的戰力與影響力呈下滑趨勢。兩隊實力走向黃金交叉，湖人以直落三橫掃去年最強勁的對手。

湖人以秋風掃落葉之姿擊潰拓荒者，老鄧利維教練（Mike Dunleavy）不得不服氣地說：「『OK連線』一旦連結起來，內外都會在防守端帶來巨壓與難度，配合湖人的外圍射手群，我還真不知道有誰可以打敗他們。」

第二輪遇到的沙加緬度國王是本季西區強勢竄升的強權，

克里斯・韋伯（Chris Webber）與佩賈・史托亞柯維奇（Peja Stojakovic）已成形為聯盟火力強大的鋒線雙人組。韋伯可內可外又善於組織策應，佩賈則在外圍展現高超的射術與高出手點的優勢，以兩人為中心的「普林斯頓進攻戰術」打出史上最才華洋溢的華麗球風。

去年，湖人被國王逼到最後一場才拿下晉級第二輪的門票，在雙方勝場數僅差一場的情況下，如今評估此系列戰為五五開的預測並不少，國王本身也深具信心拉下衛冕軍。賽前韋伯就於媒體受訪時表示：「我們有自信打倒湖人。與去年相比，我與佩賈的狀態已更上一層樓，也更清楚如何讓球隊變得更好。我們有著絕佳的默契。」

但韋伯與國王似乎低估了俠客與柯比雙人組的「OK連線」也同樣更上一層樓。套用第一輪拓荒者老鄧利維教練的話，只要湖人這雙核心炮口同時指向對手、而不像孩子般鬧脾氣，那就是全聯盟的大麻煩。與國王的系列戰正完全展露出這樣的霸氣感。

首戰，俠客將曾在湖人扛起中鋒角色的迪瓦茲無情輾壓，全場銳不可當轟下44分，外加狂抓21個籃板；柯比則在一旁扮演二號進攻箭頭拿下27分，合力抵禦國王的糾纏，最後以108-105三分之差驚險拿下首勝。

國王首戰雖敗北，但在俠客等人萬夫莫敵之下仍僅輸3分，即便輸了球信心上也並未動搖，他們不信邪，認為俠客怎可能常態地發揮出這樣的表現。沒想到第二戰俠客幾乎依樣畫

葫蘆，豪取43分20籃板的怪物數據，再次肆虐國王油漆區*；如此「40-20」的精湛演出寫下NBA歷史上首度季後連續40分20籃板的紀錄，搭配上柯比依舊水準之上的27分輸出，湖人第三節結束後就已遙遙領先18分，最後穩穩拿下主場二連勝。

柯比就不吝嗇地稱讚俠客：「他充分主宰禁區，吸引防守壓力，給我許多好機會與空間來一對一吃掉對手。」禁區端有俠客重拳連擊，側翼端則有柯比帶刺搞破壞，即便湖人那晚板凳僅貢獻1分，他們還是掌控戰局，克敵制勝，取得2-0的絕對優勢。

第三場戰線拉回到沙加緬度。國王顯然無法再接受俠客侵犯自家的油漆區，於是針對這臺禁區挖土機施以更強大的包夾，然而這種戰術導致外圍與側翼防守端變得更加薄弱、且門戶大開；柯比見狀，自然不會放過長驅直入攻擊籃框的機會，或是以他變幻莫測的單打技術一對一摧毀防守者，就像從俠客那裡接棒般掌控局勢，轟下36分。最終國王不僅阻擋不了湖人前進，甚至輸得比前兩戰還慘。

在3-0的絕對優勢下，第四場柯比也不給國王翻身的機會。俠客在這一戰因六犯畢業退場，但柯比相當享受這一刻的到來。只見柯比臉上流露出無比的殺氣與鬥志，以華麗的球技和滿滿的侵略性寫下季後賽代表作，打滿四十八分鐘，繳出48分16籃板3助攻的成績單。

---

* 即三秒區，即禁止進攻方球員滯留超過三秒鐘的區域。

彷彿向外界宣告：沒有俠客又如何？他也能擔任將帥去攻城掠地，並在關鍵時刻為球隊守住優勢，末節更飆出15分，一把澆熄國王反撲的氣焰。俠客看到他如此熱得發燙，便將戰局交由他接管，整晚柯比宛如一名藝術家展現才華洋溢的進攻絕學，閃電第一步、刁鑽的轉身後接續不同的連招，一下急停、一下直接拔射，也可能忽然一個試探步變換節奏，讓敵手措手不及，連防守專家克里斯提（Doug Christie）都沒轍。

國王最終跌破眾人眼鏡，被湖人以4-0橫掃出局。前兩戰由俠客主攻，後兩戰轉為柯比掌舵，而兩人又能適時攜手，讓對手難以抵禦團隊凶殘的火力輸出。國王教練艾德曼（Rick Adelman）也於賽後表示：「我們完全被他們擊倒了！湖人會奪冠。這兩位頂尖球員攜手合作，當我們成功擋住了一個，另一個就會跳出來讓你付出代價。」

季後賽的不敗之身挺進西冠，再加上例行賽最後的八連勝，湖人已經拉出一波十五連勝，即便接下來迎來的對手同樣不好惹，是西區第一的聖安東尼奧馬刺，但此刻的紫金大軍士氣早已高漲到不行，他們有自信所向披靡。菲爾‧傑克森就說：「贏球是最好的催化劑，現在的湖人處在最好的競技狀態。很慶幸球隊在最後時刻融為一體。」

在柯比與俠客互相扶持下，誰主誰輔都好，不為此針鋒相對，共同執著於勝利。「OK連線」不僅在進攻端擁有很多變化圍繞著三角戰術分進合擊、裡應外合，而且不用靠陣地戰，

光靠柯比在攻防轉換下猶如利刃般殺出重圍，就夠馬刺頭痛了。

　　由於馬刺雙塔重兵以禁區為主，與馬刺系列戰柯比被賦予攻堅任務。眼見理想中的舞臺到來，他展現強烈的表現欲望，首戰就狂轟45分10籃板3助攻，打得馬刺外圍防線潰不成軍。賽後菲爾對柯比讚譽有加，顯然柯比對於比賽節奏的掌控愈來愈好，減少刻意強行出手，而是更富耐心地尋找機會，如此也提高了得分效率。

　　第二戰馬刺有效限制俠客，讓這個禁區大殺器僅得19分，命中率甚至壓到只剩38%。與此同時，鄧肯這晚幾乎無所不能，攻防兩端一把罩拿下40分15籃板3助攻與4阻攻，招牌的四十五度打板球、低位背框單打、面框突破暴扣樣樣來，使出渾身解數想帶領馬刺追平系列戰，避免主場二連敗的窘境。

　　柯比雖不像前一場如入無人之境，依舊在側翼外圍不斷施壓，並且伺機而動，尋找俠客的機會，或是外圍費雪及歐瑞的三分空檔。最後一分多鐘湖人只領先4分，柯比接獲俠客傳球，在弧頂投進關鍵三分，這球幾乎將馬刺一槍斃命，也再次繳出28分7籃板6助攻不俗的全能數據。連續兩場柯比都是擊潰黑衫軍的操刀手，馬刺教頭波波維奇對於這樣的結果惋惜地表示：「原以為搞定俠客就能掌控比賽主導權，看來我們錯了，柯比的殺傷力同樣強大。」

　　馬刺在主場二連敗，湖人拿下十七連勝，此消彼長下果然後面兩戰馬刺陷入潰不成軍的處境，第三戰以111-72慘遭

屠殺，第四節甚至僅得8分。「OK連線」絲毫不留情，聯手轟下71分，俠客拿下35分17籃板，柯比則是36分9籃板8助攻；柯比在傳導與投籃之間的選擇拿捏得愈來愈好。

第四戰馬刺持續低迷，111-82繼續被血洗，柯比牛刀小試攻下24分外加11助攻，費雪全場六記三分，搭配俠客在禁區穩定輸出，湖人打出極有條理的團隊攻勢，馬刺只能心服口服接受4-0被橫掃的悲情結局。

就這樣，湖人帶著十九連勝橫掃西戰線，一場也沒輸過，令整季觀察湖人的專家都大吃一驚。原本的湖人還如此動盪不安，從球員、教練到管理層內部紛擾不斷，別說衛冕，連季後賽能走多遠都令許多人質疑。

沒想到季末居然出現這麼戲劇性的一幕。湖人一氣呵成的改變和進步，連喬丹的前訓練師、當時在鍛鍊柯比的薛佛（Chip Schaefer）也佩服地說道：「過去二十多場比賽，湖人幾乎沒有對手！就算將公牛算進去，我也沒看過任何一支球隊能在這樣一段時間內打得這麼好。」

湖人等了好一陣子冠軍賽對手才出爐，出爐的竟是他的同梯，在七六人力挽狂瀾的艾佛森，而且是在自己的家鄉費城。這完全激起柯比的鬥志，再加上他以為七六人傷病纏身且疲憊不堪，讓他略為失去先前的冷靜；不僅柯比輕敵了，整個湖人隊也是如此。

誰也沒想到，這樣的劣勢反而讓季後賽驍勇善戰、燃燒小

宇宙到極限的艾佛森抓緊機會殺出重圍。首戰,延續他與半人半神卡特、公鹿三劍客血戰的氣勢與手感,順利轟下48分,加上斯諾(Eric Snow)關鍵騎馬射箭的三分助陣,七六人與湖人戰到延長賽舞臺並取得勝利,大爆冷門擊碎紫金大軍不敗之身。

賽後艾佛森意氣風發地說:「當所有人幾乎都認定我們會被橫掃時,我與隊友用行動訴說一切。」正如艾佛森所言,賽前外界一面倒認為七六人將被橫掃,湖人原有機會締造季後賽不敗的紀錄,這個夢就此破碎。

對湖人來說,沒有保持全勝固然可惜,但這一敗讓他們從連勝的喜悅、輕敵態度,以及休息過久的鬆懈重新上緊發條,藉此重振旗鼓。而柯比首戰又太想靠自己放倒七六人與艾佛森,反而失去之前良好的進攻節奏,全場22投僅7中拿下15分,打出本賽季季後賽最糟的表現。好勝心極強的柯比因此對自己相當不滿,而這樣的態度很快就反映在第二場的比賽。

一名好球員要能適時做出調整,柯比明顯修正了自己的問題。湖人的態度很堅決,誓言拿下Game 2。柯比這一仗打得非常強勢,首節就先聲奪人轟下12分,全場繳出31分8籃板6助攻2抄截2阻攻;除此之外,他還特別請纓去防守艾佛森。他早在新人年賽季就朝思暮想,希望與這位同梯在大舞臺過招。

有著柯比的高水準演出,搭配俠客無視年度防守王穆湯波(Dikembe Mutombo)固若金湯的鐵壁,再次猛虎出柙拿下28

分20籃板。儘管不如第一場的44分將穆湯波打得落花流水，然而俠客幾乎全面宰制比賽，除了得分籃板雙20外，還有全場最高9助攻與8阻攻的表現，近乎大四喜的震撼表現，七六人當然只能繳械投降。

迪肯貝‧穆湯波

穆湯波是NBA一個時代中最偉大的防守者之一。在禁區有著「大掃把」的威名，在一九九〇年代至二〇〇〇年代中期可說是生意最好的火鍋店，生涯累積3289顆麻辣鍋，在NBA歷史榜單上排名第二，僅次於歐拉朱旺（Hakeem Olajuwon）。這樣的成績即便在近代籃壇也難以被超越，連現役最多的霍華德（Dwight Howard）都足足差了1000多顆。更讓人欽佩的是，他拿下史上最多次（四次）的年度最佳防守球員，為一代防守大師。

二〇〇一年是穆湯波生涯最璀璨的賽季。他與「戰神」艾佛森組成經典的一攻一守矛盾組合，在該年一路過關斬將挺進總冠軍賽，寫下NBA十分經典的季後賽之旅。最終雖不敵洛杉磯湖人，但艾佛森的無窮鬥志與拚勁，搭配穆湯波搖手指的招牌姿勢，至今仍深深印在許多球迷心中。

回家鄉打球，放下自我主導全隊攻勢

第三戰移師費城，當地球迷早就滿心雀躍地等待柯比到來。只是球迷的情緒很複雜，柯比是當地出生的孩子，高中時

期是賓夕法尼亞高中最棒的天才籃球員，父親喬‧布萊恩又曾效力七六人，照理說他就是這裡的驕傲。

然而，如今柯比是當地球隊爭冠中的勁敵，加上他在球場上那總是不可一世的狂傲態度，費城球迷對他是又愛又恨，整場比賽中夾雜著歡呼聲與噓聲。然而這讓柯比相當享受，渴望在家鄉打出精采的表現。

另一方面，艾佛森也對費城球迷喊話，宣誓他將盡全力捍衛主場勝利。那年季後賽，艾佛森在主場第一聯合中心（First Union Center）的進攻力道可謂燎原之火，曾在這裡分別攻下45分、54分、52分、44分，費城球迷看得是如痴如醉。因此，眼看湖人來犯，艾佛森更想複製先前比賽的氣勢趕走這群不速之客。

只是七六人中具進攻天賦的球員太少，湖人得以肆無忌憚地包夾圍堵他；柯比就在這樣的高壓環境下大展身手，第二節獨自一度連進五球，短短五分鐘內狂轟14分，直接衝出一股氣勢掌控局面，帶來雙位數的領先優勢。

艾佛森也不甘示弱，整場繳出35分12籃板4助攻不俗的成績，外加穆湯波在進攻端異軍突起，跳出來貢獻23分，第三節就由兩人扛起攻勢讓戰線不致被拉開，第四節更成功限制「OK連線」的攻勢。眼看就要上演逆轉秀，湖人的歐瑞如程咬金般殺出，單節帶來12分的奧援；尤其到了比賽最後一分鐘，湖人僅以89-88領先1分時，歐瑞更來了一顆價值連城的三分砲，最後又把握罰球穩固戰局，讓七六人功虧一簣，苦吞

二連敗。

柯比當晚總計32分6籃板3助攻2抄截，延續第二場的態勢打出好表現。在洞悉全場局勢上，他逐漸找到方向：何時該以團隊為重？何時該適時跳出來當殺手？他內心那道切換的開關已然形成。

就像第四戰，柯比發現穆湯波無力擋住俠客凶猛的輾壓攻勢，而隊友射手群如費雪、歐瑞、泰隆魯（Tyronn Lue）、福克斯和蕭的手感也都在線上，他就選擇不當主要的攻堅利刃，轉而化身助攻大師，傳出全場最多的9次助攻，努力活絡團隊整體攻勢。最終湖人整場壓著七六人打，一度領先多達20分，整晚領先時間達四十三分鐘之久。

艾佛森雖在第四節力挽狂瀾，將分數追到只剩7分差距，仍擋不住湖人多點開花的火力釋放，繼續苦嘗敗果。整場下來，柯比整場雖然只進帳19分，賽後依舊自豪地表示：「我們抓到了比賽的節奏，也掌控比賽流勢，不管七六人發動何種攻勢，我們都能展開有效的反擊。」

到了第五戰，被逼入絕境的七六人已是強弩之末，即使艾佛森首節就飆出11分、帶領七六人打出領先優勢，「OK連線」亦不遑多讓，相繼發飆連袂出擊，兩人合轟55分25籃板8助攻6阻攻，艾佛森雙拳不敵四手，只能眼睜睜看著湖人在自家主場第一聯合中心封王拿下二連霸。

湖人自四月初輸掉一場後，接下來二十四場比賽中總計拿下二十三勝，唯一一敗就是栽在七六人手上。然而季後賽15

勝1敗的戰績已然站在NBA的球史頂點，以橫掃千軍形容一點也不為過。

每個人都有自己的處事原則或自我風格，總想依循過去的路繼續前進。但有時就是你必須改變的時刻，打球也是如此，也得在觸礁停擺或是遭受外界批判之際適度變革，以此打破現狀，尋求新的突破。

柯比很明顯打從季末之初就變革打法，攜手俠客良性合作，不僅在球場上聯手大殺四方，私下的紛爭也隨著一場場勝利與幽默感逐漸煙消雲散，連俠客都在媒體前高喊：「柯比就是我的偶像！他是聯盟最好的球員，他是我們成功最重要的一部分，人們總覺得我們有仇，但沒這回事，不然我們是如何蟬聯冠軍？」

俗話說，成功與勝利能夠掩蓋一切，套在「OK連線」上是最好的驗證。

Lesson 11
永不滿足

　　「我和俠客很清楚如何共存。當我們搞懂這一切後，我相信冠軍就會隨之而來。我渴望的不是兩座冠軍，而是更多的冠軍，我永遠不會滿足。為此我願意投入我所有的努力。」湖人拿下三連霸的偉業，成為聯盟歷史上第五支締造王朝成就的球隊*。三連霸的成功，柯比那永不滿足的心態絕對是關鍵要素。柯比並不因為球隊奪得兩冠就沾沾自喜鬆懈下來，相反地他依舊保持一顆永不滿足的心持續瘋狂衝刺。即便剛開始球隊中只有柯比展現如此態度，但隨著團隊相處、賽季拉長，柯比永不滿足的態度也逐漸感染隊友，激勵團隊一同為了目標全力拚搏。

---

* 另外四支分別為傳奇中鋒喬治‧麥肯（George Mikan）率領的明尼阿波利斯湖人（洛杉磯湖人前身）、比爾‧羅素（Bill Russell）帶領波士頓塞爾提克八連霸，以及眾所周知喬丹在芝加哥公牛兩時期的三連霸。

三連霸一直是評量一支王朝球隊最關鍵的門檻，因為難度非常高！

經歷兩年長時間的賽季旅程（都打到六月），整體消耗絕對比其他球隊來得高，這無疑提高了球員傷病的可能性；一旦主力或是重要綠葉傷退，其他人就須背負起更多的壓力與體力耗損。這一切環環相扣，傷勢病痛就像會傳染似的，一個不小心整個球隊就可能陷入傷病潮。

更艱難的一點是：奪冠後的懈怠期。大多數球員終其一生渴望奪得一枚歐布萊恩戒指，得到之後彷彿突然間失去動力，積極度、專注度也不再似以往的要求與堅持。這類情緒與意志力會感染整支球隊，要不是陷入低潮消沉，就是進入更好的狀態迎敵，並追求更偉大的目標。

二〇〇一年賽季初，湖人正是跌落如前者那般糟糕的狀態，僅柯比與福克斯維持體能狀態向球隊報到；其餘如俠客和一班老將都沒達到球隊訓練營的標準，都是在季中才慢慢調整狀態，以致當年賽季湖人一度動盪不安。

二〇〇一年時，柯比在西區戰線上證明自己的價值並不亞於俠客，例如馬刺與國王的系列戰中，當俠客被擁有更多禁區資源的球隊限制住，他依舊能在側翼一夫當關扛起戰局，適當切換箭頭與組織者的角色，連敵隊教練艾德曼和波波維奇都對他讚不絕口。即便現在已經擁有兩枚冠軍戒指，他依舊是他，絲毫看不出他有半點鬆懈，奪冠後沒幾天就繼續投入訓練。

這個夏天，柯比除了加強過往的投籃訓練與基本動作之

外，更著重於如何在投與傳之間找出更好的平衡。透過上個賽季的經驗，他很清楚這正是與俠客最佳的合作模式；況且俠客也減少在隊上消遣他或在媒體前攻擊他的言論，兩人的關係處在最佳時刻，這也讓柯比願意放下自身的進攻欲望，轉而營造更好的團隊競爭力。

柯比曾說：「我和俠客很清楚如何共存。當我們搞懂這一切後，我相信冠軍就會隨之而來。我渴望的不是兩座冠軍，而是更多的冠軍，我永遠不會滿足。為此我願意投入我所有的努力。」

此時，聯盟新增了允許「區域聯防」的規則，這個規則顯而易見是針對俠客‧歐尼爾而來，這導致柯比在湖人所扮演的地位愈發重要起來。俠客這頭猛獸曾於二〇〇〇年輾爆溜馬的斯米茨，二〇〇一年也將年度防守球員穆湯波撞得人仰馬翻，沒人擋得住他。因此，聯盟為了降低俠客的破壞力，開始認可各球隊可以區域包夾限制他。然而事實證明，區域聯防依舊擋不住俠客，真正限制他的是他的傷勢。

此一賽季俠客的體態比去年保持得更好，只是右腳趾得動刀。但這並不影響他開季依舊在禁區爆發翻江倒海的威力，加上柯比延續他去年季末變革的全面打法，不強求一定要自己進攻，一有機會就分享球，到十二月中他僅有一場比賽出手超過二十四次，對比去年同時期高達十場，差距非常明顯。

這也反映在戰績上。湖人開局勢如破竹，前十七場比賽繳出16勝1負的頂級戰績，這段期間柯比場均26.5分5.7籃板6.3

助攻 2.2 抄截，投籃命中率 50% 以上，比起去年得分較少，但在改變比賽局勢上顯然已更上一層樓。助理教練蘭比斯（Kurt Rambis）看在眼裡很有感觸地說：「我看著柯比成長，他真的成為更成熟的球員。他就是聯盟最頂尖的球星之一。」

每當俠客因傷缺陣或無法上陣時，柯比就會切換主核心的進攻模式，例如一月中一場對上曼菲斯灰熊的比賽，他就大顯神威扛起得分重任。那晚俠客被禁賽，柯比還因此將俠客的 34 號以墨水塗在自己的戰靴上，表達要連大哥的份一起打出來的決心。而他說到做到，僅花三節就瘋狂轟炸了 56 分。

如此驚人的得分爆炸力，三節就轟 50 ＋，可是連喬丹都沒達到的紀錄；更誇張的是，那場比賽柯比居然 0 失誤。令人瞠目結舌的表現讓他成為聯盟二十四年來第二位單場繳出 50 ＋得分並且 0 失誤的球員；上一個做到的是雷吉·米勒，但就比賽過程的難度，柯比持球單打及無數高難度跳投的模式更顯其出類拔萃，可被奉為經典。

柯比猶如上帝附身的演出，連見過許多大風大浪的歐瑞都說：「這可能是我見過最難以置信的表現。再沒有形容詞足以形容他今晚所做的一切，這象徵著偉大。」

即便是敵營的主將，蓋索對於柯比當晚的進攻饗宴看得是如痴如醉，而這也在蓋索心中埋下了合作的幼苗。蓋索深受柯比在場上的態度與表現震撼，帶著佩服不已的心情表示：「太不可思議了！整晚沒有人拿他有辦法，他彷彿進入了另一個境界。事實上巴提耶（Shane Battier）已經守得很好了。」

沒多久，柯比持續吸引眾人目光。他在費城舉辦的明星賽一枝獨秀，在家鄉貢獻31分5籃板5助攻，率領西區明星隊贏得勝利，順理成章奪下生涯首座明星賽MVP的榮耀。

　　只是這晚費城球迷一點也不給柯比面子，紛紛以鋪天蓋地的嘲諷和噓聲迎接他。主要是去年冠軍賽他率隊摧毀了七六人的奪冠美夢，甚至傳出他宣稱要挖出七六人心臟這般挑釁的言論，加上他與父母關係惡化的流言，導致他完全被視為背棄家鄉的叛徒。

　　即便球迷不買帳，柯比仍將周遭不滿的聲浪化作動力，那晚不停成功單挑同梯，也就是費城的王牌主將艾佛森，這無疑加劇球迷仇視他的程度。賽後柯比的情緒罕見低迷，他對於家鄉的球迷如此敵視他感到不解和難過，但他也因此每每作客費城都打得格外有勁。

　　這年賽季湖人開局即打出王者之姿，但好景不常，一來是傷兵接連不斷，再來是去年季末加季後賽那一夫當關、萬夫莫敵的記憶猶新，除了柯比與費雪，包含俠客在內大多數老將都不免自負起來，心想只要認真打就沒有球隊能擊敗他們，因此例行賽總少不了偷懶的情況。

　　助理教練溫特看在眼裡不禁搖頭，並說：「這問題看似不大，卻有一定的影響力。好在球隊還有柯比這種永不滿足的傢伙，每一次比賽都全力以赴，這對於球隊而言極富正面意義。」因此，儘管湖人整個賽季都處在亂流，最終仍以58勝

結束例行賽，只是原本西區第一的寶座拱手讓給了沙加緬度國王。

不過比起上一年，二○○二年一大變化是：柯比的心態變得成熟許多。當俠客不再挑釁他，他也選擇尊重這位球隊大哥大，避免再起衝突；俠客在場的比賽，他寧可讓俠客打得開心，等他不在場上再接手掌控比賽。如此一來，成功營造出團隊關係最和睦的一個賽季。就算沒打出去年季末的連勝氣勢，湖人內部氣氛也是槍口一致對外，讓對手完全無法小覷，許多人甚至認為「OK連線」在季後賽無人可擋。

面對區域聯防，俠客本季仍以場均27.2分位居聯盟第二；柯比得分比起去年28.5分雖略為下修到25.2分，但明眼人都清楚這小子比過往更加難纏，可以做的事更多。而基於他愈發聰明的打法，不僅以46.9%投籃命中率寫下生涯新高，還首度入選年度第一隊，這對於他在態度與做法上的變革是相當正面的回饋。

再戰老對手

季後賽舞臺掀起，首輪湖人遇到老對手波特蘭拓荒者。然而這兩年兩隊實力差距逐漸拉開，拓荒者陣中的明星老將群退的退、離的離，只剩皮朋獨撐大局。雖然華勒斯（Rasheed Wallace）正如日中天，但還是難以靠他獨撐大局。

首戰華勒斯雖打爆歐瑞與沃克（Antoine Walker），但拓荒者同樣抵擋不住俠客與柯比的火力輸出，連費雪與福克斯都

提槍在外圍有效支援；就在「OK連線」穩穩合力貢獻50分之下，即使柯比這系列戰手感不佳，湖人還是有驚無險以3-0橫掃拓荒者。

第二輪是湖人與馬刺近四年來第三度對戰，雙方早就對彼此的實力了然於心。這一次，馬刺依舊選擇針對俠客防守包夾，柯比則再度扮演殺手攪局，總能在關鍵時刻給予致命一擊。例如第一戰倒數二十多秒湖人僅領先三分時，柯比即一記急停跳投重創馬刺。

第三場最後六分多鐘，湖人只領先馬刺一分，柯比跳出來連得7分，率隊打出一波11-2的攻勢一鼓作氣收割比賽，賽後拿下全場最佳表現31分6籃板6助攻。他對自己的改變滿意地說：「我在觀察周遭的事物上變得清晰，也能控制好情緒，不因此忽略到許多細節，並且打出更好的表現。」

到了第四場，柯比持續扮演關鍵人物。最後四十幾秒雙方戰平的情況下，他強行突破卻被包溫（Bruce Bowen）快手拍掉，眼看就要失誤，所幸費雪撿到後直接出手，而柯比也如將功贖罪般積極拚搶，一個箭步飛身抓到進攻籃板，並在羅賓森與鄧肯雙塔面前將球補進完成關鍵一擊。

這致命一擊讓湖人在客場阿拉莫穹頂（Alamodome）以二分之差帶走勝利，拿下3-1的絕對優勢。馬刺下一場也沒成功挺住，即便鄧肯一柱擎天拿下34分25籃板也無力回天，湖人最終五場比賽再次淘汰黑衫軍，晉級西冠舞臺挑戰今年聯盟戰績最佳的國王。

經過前兩輪，確實能看出湖人不似去年所向披靡的氣勢，無論拓荒者或馬刺其實都有機會翻盤。然而幸運女神站在湖人這邊，而且柯比在關鍵時刻總能發揮實力，如同波波維奇所說：「柯比讓我感受到那非凡的求勝意志，我覺得簡直和喬丹是一個模子刻出來的。而他又一次在我們限制俠客的策略下殺出一條血路。」

至於國王，今年整體普林斯頓戰術的運作又更上一層樓，臻至行雲流水的境界。除了佩賈（Peja Stojakovic）與韋伯（Chris Webber）、迪瓦茲在內外戰術（Inside Out）的配合上愈來愈有默契外，從灰熊換來的畢比（Mike Bibby）雖不像傑森·威廉斯（Jason Williams）總華麗花俏地讓人看得血脈賁張，卻有效提供球隊後場的穩定性，這在季後賽舞臺可至關重要；土耳其小子特克魯（Hedo Turkoglu）這賽季也與傑克森（Bobby Jackson）成為球隊可靠的板凳救火員，國王整體實力顯著提升。

佩賈·史托亞柯維奇

塞爾維亞誕生了許多揚名世界的神射手，然而談到在NBA最成功、影響廣大東歐青少年的球員，肯定是佩賈·史托亞柯維奇。佩賈也是讓NBA流行起高塔射手的一大推手，當年在沙加緬度國王，只要他一站在底線接獲韋伯或迪瓦茲（Vlade Divac）的妙傳，再搭配他六呎九吋（約兩百零六公

分）的身高，幾乎只能祈禱他失手。

生涯中佩賈投進1760顆3分，名列聯盟歷史第二十三，雖然排名日後會被許多後輩超越，但以歐洲球員而言排名仍高踞第二，只輸給諾威斯基（Dirk Nowitzki），足以留名NBA歷史。

在國王，佩賈一度與韋伯成為聯盟最具得分破壞力的雙鋒組合，也是當年最有機會擊潰三連霸時期的歐布連線，可惜只差臨門一腳。在那段時期，佩賈連續三年入選明星賽。

然而，命運最終還是讓他剋了湖人一回。生涯最後一年加入達拉斯小牛時，老邁的佩賈再度發揮神射本色，季後賽屢屢給予湖人致命一擊，攜手同樣被稱做歐洲高塔神射代表的諾威斯基圓了冠軍美夢。

克里斯・韋伯

韋伯可說是NBA歷史上球技最華麗的大前鋒，與生俱來的迷人風采，舉手投足散發出滿滿的天才氣息。從NCAA時期在密西根州和進入NBA後，韋伯打球時依然予人十足的觀賞性，得分、籃板、助攻樣樣全能，傳球更是一絕，很難想像一名大個子能把球耍成這樣。

在勇士與巫師時期，韋伯尚未完全釋放自己的潛力；直到進入沙加緬度國王、執行總教練艾德曼（Rick Adelman）下達的「普林斯頓進攻」，這才澈底磨亮了韋伯的才華，就此建立國王隊史上一九八○年代後最耀眼的盛世。

在湖人歐布連線橫行無阻的時代，韋伯率領的國王一度成為反湖迷的寄託，也是當時最可能扳倒歐布連線的球隊。儘管最後未能如願，卻也掀起極大的風潮，整支球隊華麗的團隊打法可說魅力無窮，而韋伯正是不可撼動的核心魅力。

系列戰的雙方戰得不可開交，比賽咬得非常緊。第一戰「OK連線」合轟56分，在歐瑞、福克斯、費雪和喬治（Devin George）聯袂貢獻下，湖人以守住整場的領先優勢拿下比賽，率先旗開得勝。

不料第二戰柯比賽前腹瀉，洛杉磯電臺拋出一個陰謀論，宣稱一名紐澤西人跑來沙加緬度在乳酪蛋糕下藥，目的是讓湖人輸球。無論真相為何，這確實影響柯比當天狀態，國王抓緊機會展開遍地開花的攻勢，五人得分上雙壓制湖人追平系列戰，俠客的35分也於事無補，更別說他整場還被迪瓦茲干擾得情緒失控。

第三戰，俠客持續深陷國王的防守，整晚打不出既有的水準，不斷抱怨裁判的吹判，同時深陷犯規麻煩；柯比的狀態也還沒調整好。相較之下，畢比與韋伯這晚火力四射合轟50分，也讓國王早早取得大幅優勢，直到最後以2-1領先，湖人陷入過去三年來從未有過的窘境之中。

關鍵第四戰，倘若湖人沒能取勝就會被逼到崖邊，甚至可能像上一輪馬刺那樣兵敗如山倒。因此，對於雙方來說這場勢必得奪下。原本被外界視為劍拔弩張的一場賽事，沒想到第二節還不到中段，紫金大軍已經落後國王高達24分，眼看大勢已去。

然而到第二節後段，柯比連續進四個投射，費雪與喬治也紛紛加入戰局，連沃克都在半場結束前投進超遠的Lucky大號

三分，讓原本落後24分追到僅14分差距，勝負還很難說。其實沃克出手時讀秒已結束，但那時裁判沒有回放觀看的機制，似乎勝利女神又想再次站到湖人身邊。

下半場湖人就在「OK連線」下吹起反攻號角，可國王也不是吃素的，全力抵禦對手的反撲，雙方形成拉鋸戰。神奇的是，這晚關鍵時刻俠客的罰球竟然毫不手軟，加上柯比與歐瑞聯手追分、俠客關鍵四罰四中，湖人終於在最後二十六秒追到98-97一分落後。然而，沒料到過去幾場一直干擾俠客情緒、不停假摔與挑釁他罰不進的迪亞茲，在關鍵時刻僅兩罰一中，給予湖人超前分，一舉絕殺國王的可能性。

當然，湖人將最後的操刀手任務交付柯比。面對防守高手克里斯提（Doug Christie），他毅然選擇右側箭步突破攻擊籃框，成功擺脫第一道防線，但迪亞茲早就好整以暇在那豎起一道牆等待強大的敵人上前，而這也給了俠客主動爭取進攻籃板的機會。

只是沒想到柯比一個高難度出手不進，俠客順利爭取第二波攻勢也沒將球擺進籃框，準備再取得下波球權時，迪亞茲眼看時間沒剩幾秒，一巴掌將球搧出弧頂外，希望盡快消耗完比賽時間。

但正如前面提到，勝利女神彷彿站到紫金大軍身邊。迪亞茲這一搧直接助攻給在弧頂沒人防守的歐瑞，恰好歐瑞今晚手感又相當出色，他接到球時僅剩1.1秒的情況下，迅速投出一道宛如彩虹般的彈道，球應聲畫破籃網，韋伯想撲上前已來不

及。

可想而知因為這顆逆轉三分彈，整個史泰博中心的球迷情緒都炸裂了，柯比與俠客也興奮得無法自拔。因為他們很清楚這一勝來得太關鍵，直接續命球隊的奪冠希望，士氣分水嶺的天秤也在這一刻倒向湖人。

然而國王極具韌性，第五場死守勝利，幸運女神走回國王身邊。湖人第二節進攻當機，俠客陷入犯規麻煩，以至於末節打得相當保守，最後的退場更帶來巨大衝擊。關鍵時刻只剩柯比單兵作戰，末局手感不佳又被重兵看防，錯失致勝球的機會，最終湖人慘遭逆轉，主動權回到國王手上。

湖人退居淘汰邊緣，賽前柯比直接信心喊話：「我與俠客會一同創造歷史！我相信我們可以。」於是在這場毫無退路的比賽中，兩邊都展現極高的韌性讓局面陷入短兵相接，最後在俠客與柯比齊心協力繳出72分之下，湖人在驚滔駭浪中取得勝利，將這艱困的系列戰拉回起跑點，準備進行無情的搶七*生死鬥。

只是這場比賽存有爭議點，湖人在第四節整整罰了二十四球，賽後國王教練艾德曼大為不滿地指出：「我們盡力了，只可惜沒贏球。俠客全場四次犯規，我們家大個子總計二十次，與過去幾場有著很大的不同。」韋伯也冷嘲熱諷：「我聽說冠軍注定要繼續當冠軍。」面對指控，俠客則炮火全開回擊：

---

* NBA季後賽和總決賽採七局四勝制，兩隊若在前六場比賽中打成3-3平手，要進行第七場生死戰才能晉級，那麼這場比賽就被稱為「搶七」。

「我生涯很少抱怨裁判，這十年也不過五次左右。他們叫國王隊？我看是皇后隊吧！」俠客此話一出，也正式揭開國王與湖人日後恩怨的序幕。事實上，當晚的執法裁判唐納吉（Tim Donaghy）幾年後被捕，證明他的確企圖操控比賽，希望將系列戰穩穩延伸至搶七。

接下來湖人也在生死戰的延長賽擊敗國王，這對絕代雙驕再次合作拿下65分。柯比最後以關鍵兩罰鎖定勝利，也不得不說俠客再次在球隊需要分數時把握住重要的罰球，整晚很爭氣地17罰13中展現超水準演出。

雖然這場系列戰有些吹判惹人議論，但不可否認的是，俠客與柯比完全展現出渴望勝利的積極心態。即便處於逆境，他們並未互相埋怨，反而困獸猶鬥、攜手逆流而上，締造兩人最成熟的一刻。

儘管如此，對於系列戰激烈的程度，柯比顯然非常享受其中，每一場恍如性命攸關的比賽澈底激起了他的鬥志。尤其經歷如此嚴峻的挑戰才闖關成功，國王也成為「OK連線」這些年奪冠旅程上最強勁的對手。

韋伯的天才全能風采、畢比的穩健和「大心臟」*、迪亞茲的經驗與老奸巨猾、克里斯提的低調內斂與防守價值、傑克森和特克魯的板凳火力與奇兵潛力、波拉德（Scot Pollard）的

---

* 形容具備優秀的心理素質、常在關鍵時刻挺身而出的球員。

苦工拚勁；倘若佩賈沒有因傷病缺席且影響力大減，季末拉出十九勝四敗的國王確實具有去年湖人的爭冠主宰力。

　　當湖人跨越了這道最為棘手的障礙，接下來猶如海闊天空。東區沒有球隊能限制住俠客‧歐尼爾的橫行霸道。連去年聯盟門神級的穆湯波都束手無策，更別說紐澤西籃網的麥克洛奇（Todd MacCulloch），眼睜睜看著俠客在禁區恣意妄為。

　　俠客在冠軍系列戰場均36.3分12.3籃板3.8助攻2.8阻攻，禁區差距打得籃網潰不成軍，籃網也直落四被橫掃淘汰；即使基德（Jason Kidd）在進攻端發揮超水準實力，還上演大三元，仍無法抵擋「OK連線」非凡的破壞力。

傑森‧基德

基德還沒進入NBA之前，就已是加州名震天下的天才後衛。等到進入聯盟，他也很快地貢獻自己在組織傳導上的天賦實力。雖在達拉斯3J＊時代陷入內部紛亂的漩渦裡，但之後不管在鳳凰城太陽、紐澤西籃網，基德一直是聯盟的頂級助攻王，還兼任外圍頂級大鎖的影響力，可說是一個時代最具代表性的控衛之一。

基德讓人津津樂道的還不僅於此。

基德在生涯中期就開始苦練自己不擅長的外圍投射，晚年在達拉斯小牛曾連續三個賽季三分命中率破40%，從被認為不

＊ Dallas 3J，指傑森‧基德（Jason Kidd）、吉姆‧傑克遜（Jim Jackson）和賈馬爾‧馬什本（Jamal Mashburn）。

會投籃的後衛轉變成可靠的三分射手，最終生涯三分進球數來到 1988 顆，排在聯盟歷史第十二名，最後還在起點達拉斯奪下生涯首座冠軍。

如今基德依舊以總教練的身分活躍於 NBA，是少數傳奇球員成功轉戰教練的典範。

同樣地，柯比雖退居二線，他的殺手特質依舊亮眼且關鍵。在關鍵第三戰，籃網原本有機會在自家主場奪取勝利，只見季後賽絕殺射手歐瑞（Big Shot Rob）和柯比聯手，歐瑞投進一顆超前三分，柯比隨即補上一記二十二呎跳投，一舉將領先權拉回紫金大軍手上。

最後在湖人 102-100 僅領先 2 分、比賽時間剩約三十四秒的情況下，俠客選擇相信他的小老弟，將球傳給柯比，要他持球執行關鍵一擊。就當柯比準備強行突破中入時，籃網祭出基德與基特爾斯（Kerry Kittles）雙人包夾壓迫，原以為能夠迫使柯比掉球，沒想到柯比反應極快，再次控球後馬上收球，並在基德貼身防守下使出高難度的單手拋投入網，就這樣宣告了籃網的死刑。NBA 歷史上沒有球隊能夠在 0-3 的劣勢下翻盤。

不過賽後基德對於柯比仍英雄惜英雄，「沒辦法，柯比就是有辦法投進這種大心臟的好球。」那一晚聽牌戰，「OK 連線」聯手飆出 71 分，不給籃網絲毫反抗的空檔。菲爾也相當滿意球隊的表現，「上一輪對戰國王，每一名球員都將自己提升到最佳狀態，俠客依舊是霸王，至於柯比，我們依賴他的成

熟與領導力，還有關鍵時刻接掌比賽的能力。他與俠客就是天
生一對。」

性格使然，柯比仍以同樣的態度積極迎接新賽季。然而三
連霸之後，其他人還能像他一樣持續上緊發條嗎？當時助理教
練溫特內心即隱隱透著這樣的憂慮。

Lesson 12
舞臺是留給準備好的人

　　三連霸期間，柯比不曾在任何一個暑假鬆懈下來，每一年不斷進步，累積投籃、腳步、組織與各個項目的經驗與智慧，也適時配合俠客擔任副手。而二〇〇三年賽季彷彿水到渠成，柯比抓住機會，以實力證明自己已是球隊頭號得分手與主宰者，關鍵時刻甚至超越俠客決定勝負。

曾帶領魔術強森和賈霸拿下四座總冠軍的教練萊利（Pat Riley）說過：「冠軍是毒藥，通常殺死冠軍的不是別人，而是自己。」這幾年湖人無視內部矛盾與傷病問題卻能成就三連霸，確實令人感到不可思議，因此外界紛紛揣測，連四冠可能達成嗎？

　　完成三連霸之後，俠客過著很放鬆的生活，拍廣告、錄唱片、搞電影等一堆外務，當然也包括陪家人四處遊玩。這沒什麼大不了的，畢竟職業球員也要休息，而賽季結束正是充電的時刻，而且這一直是俠客的風格。

　　問題在於，俠客將左腳大拇趾的手術拖到開季前動刀，代表他開季好一段時間不會上場，也意味著柯比得接管比賽，帶著已走入生涯黃昏的歐瑞、福克斯和蕭奮戰；而中生代只有費雪足以信賴，喬治、沃克、馬德森（Mark Madsen），或年輕的拉什（Kareem Rush）都還不夠穩定。

　　那時聯盟高層討論到湖人陣容，咸認為這支球隊扣除「OK連線」後，應該是全聯盟天賦最差的球隊。不僅重要的老將都已漸漸力不從心，心態也沒過往專注緊繃；而俠客仍一副心高氣傲，認為他回來就能擺平一切。湖人漸漸不被看好能夠四連霸。

　　但是這個夏天，柯比又令人讚嘆地進化了。

　　經歷去年與馬刺和國王系列戰，為了再次提升自身的穩定性，柯比決定花上好幾個月升級體態，體重增加七公斤之多，身體變得更寬，肌肉也更大了，搭配上過去幾年苦練的腳步、

跳投和節奏，他變成場上更嗜血的獵殺者，也渴望趁著今年俠客不在時，向全世界綻放這股實力。隨著柯比漸漸流露出想成為球隊主導者的野心，無疑又將挑戰俠客的情緒與菲爾的要求，原已平息一年多的紛爭與風暴似乎再度蠢蠢欲動起來。

很快地，開季第六場與塞爾提克的比賽中，柯比卯起來狂投四十七球，然而這晚他手感很差，出手那麼多次僅中十七球，雖仍拿下41分，但這樣的效率讓菲爾極為不滿地批評：「我從沒看過誰能在一場比賽中出手四十七次，真的沒有。人是有極限的。」

對於菲爾的抨擊，柯比摸摸鼻子沒多說什麼，畢竟他很清楚這晚手感的確很差。但他仍相信自己在這賽季夠格得到這樣的出手權，也具有進攻首選的本領；另一方面，他內心一直壓抑著菲爾偏心於俠客的怒火，如今似乎也死灰復燃。柯比想以自己的方式來證明自己。

訓練師薛佛將這些矛盾看在眼裡，「菲爾對俠客的偏心不是祕密。然而，柯比在場上展現的職業素養以及投入的熱情與俠客截然不同。當然俠客也努力練球，但他從不會忘記享受人生；相較之下，柯比對自己的要求相當嚴苛，反覆投入辛苦的鍛鍊，這不會是俠客的選項。」

但菲爾似乎並未將柯比的努力看在眼裡，反而更認同俠客的做法，這也加深與柯比之間的不滿。長期與菲爾合作的溫特則指出：「兩位球員都非常自負，但我認為俠客的問題比較大。柯比還願意犧牲自己取悅俠客；俠客則是視心情而定，心

情好會稱讚隊友，但一般來說，他眼中還是只有自己，而且過於情緒化，菲爾又常在一旁火上加油，這遲早會出問題。」

茶壺裡的風暴何時會再度全面升溫？關鍵之一取決於湖人戰績，還有柯比的表現，顯然這些問題都將在本賽季拉扯著湖人的團隊氣氛。柯比自己也很清楚，他得做得更好，不能留給俠客和菲爾任何可能攻擊他的機會。

只不過湖人的問題並非只有「OK連線」。一如外界評估，球隊綠葉戰力已經退化，意味著柯比與俠客必須打出比以往更強大的主宰力才可能主導局面，這也導致湖人開季不順，居然打出五勝十一敗這種不及格的開局。

就連原本大聲嚷嚷傷癒歸隊將改變一切的俠客，回歸之後球隊十二場比賽中也只開出50%左右的戰績勝率。顯而易見，這支衛冕軍面臨競爭力下滑的大麻煩，看衰的聲浪也排山倒海般撲面而來。

等到十二月結束，湖人戰績十三勝十九敗，連50%勝率都不到，紐約的媒體即率先開砲：「『OK連線』失去主宰力？衛冕軍不堪一擊。」眼看湖人如此不振，俠客情緒爆發公開發言：「他媽的！給我八個想贏球的隊友，就這麼簡單！」

想贏球的隊友？柯比不就是最好勝的那一位。

面對現今團隊戰力的千瘡百孔，菲爾只剩下唯一解套的辦法：那就是一月起默許柯比擁有更多自由發揮的權力。藉由柯比展現無比的侵略性開創局勢，扭轉球隊低迷的士氣。

菲爾之所以如此決定，除了觀察到柯比在進攻端的確打得愈來愈高效，再者這似乎也是目前唯一突破重圍的方法。畢竟對比側翼與禁區，外圍的球員還是更能掀起不一樣的局面；俠客只要繼續待在禁區攻城掠地就夠了，再來是祈禱其餘的綠葉能漸入佳境。

　　柯比果然完全沒讓菲爾失望。應該說他更想藉此向菲爾和俠客證明，他已經能獨當一面做為全隊的進攻首選，不必總是圍繞俠客運轉；而且放眼聯盟，柯比也是最具破壞力的得分手，一點也不輸艾佛森、麥葛瑞迪（常稱「麥迪」，Tracy McGrady）、「真理」＊、文斯・卡特這些側翼武器，只在於他想不想飆分而已。

　　一場對上西雅圖超音速隊的比賽中，柯比單場瘋狂飆進十二記三分球，一舉打破隊史紀錄與聯盟紀錄。上一個紀錄保持者也是俠客的隊友，魔術時期的神射史考特（Dennis Scott），當初締造的紀錄是十一球＊＊。

　　不同的是，柯比的出手難度明顯更高，不少球都無視比他高出十餘公分的雷曼諾維奇（Vladimir Radmanovic）而強行出手命中。這不僅說明他的出手點拉得比以往更高，同時展現他

＊ 保羅・皮爾斯，Paul Pierce，由於經常於球賽最後一刻「絕殺」對手，俠客・歐尼爾稱之為「The Truth」（真理）而有此暱稱。

＊＊ 此紀錄後於二〇一六年由柯瑞（Stephen Curry）以十三顆打破；二〇一八年湯普森（Klay Thompson）更以十四顆刷新紀錄。

擁有驚人的爆炸性手感，一旦手感來了就無人能擋。以防守著稱的裴頓都說：「柯比就是天生的得分手，對於他的表現只能讚嘆。」

整個一月，柯比場均得分 30 分 7.1 籃板 6.4 助攻，投籃命中率約 47%，三分命中率更破 40%。在他的優異表現下，湖人打出八勝四敗的戰績，雖不到一流水準，但至少看得出已在止血。

過往總會計較自己出手次數的俠客，也按捺不住情緒，時而公開砲轟自己出手權愈來愈少。他認為以自身的地位與威力不該是他一直向隊友要球，反而隊友應該主動傳給他，「該死的把球傳給我，這是我想說的！」每個人都知道，俠客說的就是柯比。

用實力晉升湖人一哥

不過在這些零星的爭端上，柯比顯然不再給俠客面子。二月初，他有如上帝附身，先是對爵士轟出 42 分，接著對溜馬拿下 35 分，施展強大的優勢火力帶領球隊拿下二連勝。

接下來他更彷彿進入無我的境界，上演令人不敢想像的連續九場得分 40 ＋的神奇之旅，陸續繳出 46 分、42 分、51 分、44 分、40 分、52 分、40 分、40 分、41 分這一系列的飆分秀，甚至追平喬丹的紀錄；歷史上也僅有張伯倫（Wilt Chamberlain）打出比這更誇張的連續 40 ＋的成績。

就在柯比這番連九場爆炸性表現後，湖人打出七勝二敗的

佳績，剎那間二月結束時，湖人戰績拉抬到三十二勝二十六敗，超過50%勝率，各隊又不禁擔憂這支衛冕軍是否即將復活。柯比整個二月每場轟出40.6分，投籃命中率47.2%、三分42.9%，表現無懈可擊。他以驚人的實力向外界宣布他現在就是湖人一哥，俠客想要他妥協讓球權？似乎已經不再那麼簡單。

除了對上俠客，柯比也在最後一次與偶像喬丹的對決中飆出這賽季的新高55分。過去還沒進NBA時，他就曾單挑打贏史塔克豪斯，而這晚與巫師的比賽更是精銳盡出，摧毀喬丹北卡的學弟。他彷彿在告訴喬丹，他會繼續追逐他的偉大，這是他職業生涯的終極目標。

湖人到季末也延續氣勢，打出七勝一敗收尾，從原本進季後賽大門都有問題，扭轉局勢以五十勝三十二敗、西區第五種子的身分爭奪四連霸的機會。而柯比整季場均得分30分，這是他第一次在得分上壓過俠客（27.5分），宣告主權意圖強烈。

儘管俠客心生不滿，甚至在菲爾因腎結石開刀期間一度暴怒無人可管，然而這段日子球隊的勝利有目共睹，而且隨著季後賽即將到來，兩大明星決定收兵，企圖砲口一致對外，攜手寫下四連霸的偉業。

不過這一次，湖人來到被對手終結王朝的時刻。

第一輪，湖人穩穩地以下剋上擊敗賈奈特率領的明尼蘇達灰狼。賈奈特整個系列戰打得非常出色，盡了一切努力，繳出

場均27分15.7籃板5.2助攻1.7抄截1.7阻攻的超級全能成績；瘋狗哈德森（Troy Hudson）和瑟比亞克（Wally Szczerbiak）也都提槍支援他。

但最終依舊不敵「OK連線」合體、場均60.5分的恐怖火力，外加費雪這系列戰三分準到不行，就像戴上狙擊鏡般以總計三十四投二十一中，61.8%的三分命中率獵殺狼群，湖人最終4-2淘汰灰狼成功晉級下一輪。

只不過首輪系列戰就看得出湖人的隱憂，那就是除了費雪之外，其餘綠葉的貢獻皆不如以往。「關鍵先生」歐瑞的系列戰三分命中率只有10%，福克斯與蕭也明顯退步，而接班的喬治則完全不具備這些老傢伙的影響力。

第二輪遇上長年的對手聖安東尼奧馬刺。但兩邊的實力天秤早已悄悄地起了變化，這支馬刺不再是過去以雙塔為核心的球隊。「海軍上將」羅賓森*雖已來到生涯最後一年，影響力無法與巔峰時期相提並論，然而做為一名防守苦力與精神領袖可說綽綽有餘，而最關鍵的還是馬刺換血成功。

鄧肯（Tim Duncan）接任球隊不動如山的領袖之位。帕克（Tony Parker）則成了球隊的新時代掌舵者，在波波維奇嚴師出高徒的模式下練得有聲有色，即便還是常看到他在場邊被波波維奇開罵，卻已遠遠比去年進步許多。再來是第二年的包

---

* David Robinson，雖然一九八七年羅賓森被馬刺第一順位選中，但他堅持先在美國海軍以軍官身分服役，因此被冠上「海軍上將」暱稱。

溫，已完全融入馬刺體系，不僅僅具有一流的防守本事與小動作，原本被歸類為幾乎無得分能力的他，還練就一身底角的三分準度，是該賽季三分命中率最高的球員，高達44.1%。

提姆・鄧肯

鄧肯無疑是歷史上最偉大的大前鋒，他具備太多偉大的元素，從一以貫之的馬刺生涯，幫聖安東尼奧拿下四座總冠軍，種種成就說明了他的傳奇與不凡，完美展現選秀狀元的實力。假使球隊需要一座基石，他顯然是最棒的那一座，「石佛」之名不言而喻。

馬刺在鄧肯和教練波波維奇（Gregg Popovich）這對師徒合作期間，締造連續十八年闖進季後賽的紀錄，而且這期間沒有一年勝率低於60%，更多達十二次勝率破70%，就算在美國四大運動也都是最輝煌的成就。球隊穩如泰山，年年都是奪冠熱門，他也因此坐擁兩座年度MVP。

鄧肯帶給馬刺與整個NBA聯盟的影響是巨大的。他不是那種鎂光燈會一擁而上的球員，但其沉默的王者形象就是一種榜樣、一種標誌，要說他是一個世代最偉大的領袖巨星一點也不為過。

經歷兩年磨練的昔日高中天才，同時也是問題製造機傑克森（Stephen Jackson）終於展露潛力，成為馬刺的可用輪替戰力，更是球隊具備暴徒得分能力的球員，第一輪對上太陽若不是他四場比賽繳出得分20＋，馬刺還真不能保證一定能過關。

這賽季馬刺還從阿根廷招來一個名為馬紐・吉諾比利（Manu Ginobili）的小子。原本並未列入即戰力的他，隨著賽季邊打邊成長，就像海綿般吸收無數經驗與智慧，到了季末他已是波波維奇手中不可輕估的第六人武器，他的籃球技術與膽識也深得隊友與教練團信任。

　　反過來看，湖人除了「OK連線」只剩下費雪，雪上加霜的是福克斯還受傷不克上場，整體戰力與天賦上趨於劣勢。而且，馬刺這次是有備而來，他們以和球隊防守體系合為一體的包溫來單防柯比，並處處誘惑柯比陷入單打的陷阱。

　　第一戰即使柯比飆出37分，俠客也有24分的水準，全隊在球的輪轉上做得並不好。柯比沉溺在想打爆包溫的情緒中，包溫則狡猾地在不犯規的情況下任憑他單打獨鬥。更傷的是湖人整晚板凳只拿下4分，馬刺卻高達28分，遠遠將其甩在後頭。光是新人吉諾比利就有15分4抄截的精采演出，連鄧肯賽後都直言：「馬紐就是我們這場贏球的關鍵，他是我們偉大的發動機。」

　　第二戰包溫大顯神威，全場投進破馬刺紀錄的七顆三分，而吉諾比利仍延續第一戰的表現在板凳貢獻17分，馬刺在全隊得分六人上雙的情況下，早將湖人拋諸腦後，光看鄧肯全場僅12分13籃板7助攻都能一度領先紫金大軍近20分，就能清楚看出其餘年輕球員的表現有多出色。

　　然而，湖人只能依賴「OK連線」，但在柯比被限制之

下，綠葉球員又遭到封堵，完全無法招架進攻多變且防守嚴謹的黑衫大軍，就此苦吞二連敗。上一次馬刺在季後賽2-0領先湖人已是一九九九年他們奪冠的那個賽季，外界不禁揣想，這是否將是屬於馬刺的一年？若挺過了天敵湖人這關，或許真的有機會。

第三戰返回史泰博中心。湖人毫無退路之下硬是打出王者風範，柯比轟下39分，算是一吐前兩戰的怨氣；俠客雖被鄧肯限制，仍繳出21分16籃板8助攻的成績，不靠自身吸引敵隊包夾後再傳出好球給隊友創造機會；連費雪、歐瑞和喬治也得分上雙，先發五人都有所建樹，總算扳回一城。

第四戰馬刺一度在鄧肯帶領下領先高達16分，但「OK連線」像發了狂似地不斷衝擊籃框站上罰球線，柯比再次繳出35分佳績，即使命中率並未達到應有水準，他仍成功撕裂馬刺防線，並且與俠客合轟出多達64分。

當湖人2-2追平系列戰後，媒體又紛紛揣測馬刺是否又要被翻盤。「年輕的黑衫軍自亂陣腳？他們已經錯失擊敗湖人最好的機會。」如此斗大的標題引發眾人議論。柯比對此語帶自信地說：「我們過去曾與國王惡鬥，我相信我們能繼續逢凶化吉，向前挺進。」

在這場天王山之戰*，誰能拿下，就有很大的機率闖過這

---

* 源於日本戰國時代豐臣秀吉與明智光秀的一場戰役，後常用於籃球競賽，意指系列賽的關鍵戰役或搶賽點，誰能獲勝就將站上有利的位置。

一輪。開局後,馬刺一面倒壓制湖人,上半場就領先 18 分。但湖人仍極富韌性,第四節展開絕地大反攻,俠客把握好罰球、柯比強投三分與擦板進球,轉眼間分差追到只剩 2 分。

這劇情走向無疑讓人聯想起去年與國王的關鍵第四戰。然而,當初扮演國王狙擊手的歐瑞,卻在關鍵時刻兩度失手,最後五秒湖人還落後 2 分,他接獲柯比的妙傳,在無人防守下出手,只可惜這一次幸運女神並未站在他們這邊,歐瑞錯失埋葬馬刺的機會,紫金大軍也就此士氣潰敗。接下來的第六戰兵敗如山倒,輸上整整 28 分,四連霸的夢就此破碎,柯比帶著不甘心的眼淚走出球場。

儘管湖人無法四連霸,但這個賽季對柯比來說極具意義。無論在例行賽或季後賽的得分他都超越俠客,也在該季寫下連續九場得分 40＋的紀錄,更是聯盟這季唯一同時入選年度第一隊與防守第一隊的後衛球員。他做到了喬丹當初告訴他的,要成為攻防兼備的頂級巨星。

不過隨著湖人四連霸失利,外界也開始質疑若柯比取代俠客成為球隊第一王牌,湖人還有機會奪冠嗎?無論如何,這些言論都無法阻礙他朝目標邁進的決心與氣勢。他正朝著聯盟 TOP 球星的地位前進。

套句柯比的話:「我在二〇〇三年已經所向無敵。不管在情緒、心理、身體或策略上,我認為沒有任何人可以阻擋我。我猜許多人到達巔峰之後就很難保持專注,但我不一樣,我永

不滿足，我凡事都要做好準備，我永遠想得到更多！」

　　眼看柯比即將攀向生涯的巔峰，他卻搞砸了一切，極富戲劇性地從天堂跌落谷底。

在低谷中當個自省的勇者

在控制自身情緒上,柯比有著超乎年輕人的老成;要是一般人遇上這種事可能早就心理潰敗,上場時也難以保持專注、發揮實力。這正所謂處在失敗的低谷更須堅強面對,否則就將全盤皆輸。

而且,柯比那偏執狂般的好強個性,也讓他絕對不想表現出無能或軟弱的形象,無論如何都不當弱者,即便受傷,也是個傷痕累累的勇者。柯比咬緊牙關熬過了這場風暴,這也是人們回顧其偉大生涯時,認為他內心的堅毅不拔亦是締造傳奇不可或缺的要素。

二〇〇三年夏天，湖人提早放了暑假。儘管無緣再度爭冠以超越喬丹在公牛時期締造的三連霸，柯比的聲勢卻不減反增。他成為繼喬丹之後的飛人型球員，不僅同時入選年度第一隊與防守第一隊，MVP競爭榜也衝上第三名，只輸給鄧肯與賈奈特（Kevin Garnett）。

凱文・賈奈特

談到最激情、最富渲染力又最全面的禁區球員，在千禧年世代後非賈奈特莫屬。他也是歷史上最具影響力的大前鋒之一，在灰狼時期詮釋了全能長人風采，每場20分10籃板5助攻猶如基本盤，只能以無所不能來形容。二〇〇四年獲得年度MVP的最大肯定，「狼王」兩字聲名遠播。

除此之外，他那威嚇十足的防守與影響力同樣堪稱歷史頂尖。生涯九度入選防守隊伍，一次年度最佳防守球員頭銜，二〇〇八年來到波士頓塞爾提克後，建立起強勢的防守系統，助綠衫軍時隔二十二年再次擁抱歐布萊恩盃。

賈奈特最迷人之處，在於他站上球場的態度與氣焰猶如競技場裡的戰士。有他在的比賽總是燃起熊熊戰火，是個教人又愛又恨的傢伙。無論身處哪個時代，他絕對都是最富魅力的挑戰者。

無論怎麼看，年僅二十五歲的柯比都是聯盟日後的當紅炸子雞，甚至在二〇〇三年明星賽票選中拿下聯盟最高票。一九九八年還被視為過度炒作成喬丹接班人的高中小子，如今

看來還真的成了最接近籃球之神的球員；不管是球風、個性和態度，連數據也非常神似，而且都擁有真正稱得上攻防一體的競技水平。

剛與愛迪達結束合約的他，儼然就要成為下一個NIKE力捧的超級明星，但誰也沒料到二○○三年七月四日這天，丹佛的小鎮鷹郡傳來治安官針對一起性侵案通緝一名運動明星，而這名球員事後被證實就是即將扛起NBA招牌的柯比。消息一傳出，隨即引來全美、甚至全世界的高度關注。

事件發生於六月三十日，當時柯比為了治療膝蓋前往科羅拉多，在下榻的酒店認識僅十九歲的接待員，兩人在柯比的房間發生性行為。不料女方之後竟控告性侵，柯比則表示雙方是兩情相悅，他不可能犯法，形成雙方各說各話的局面。

剎那之間，柯比過往良好的形象毀於一旦。儘管妻子凡妮莎在記者會上力挺先生，柯比也承認自己犯錯辜負妻子，並緊牽著妻子的手公開聲明：「我是無辜的，我沒有強迫任何行為發生。但即使如此，我還是對自己的所作所為感到內疚與悲痛，對自己犯下背叛婚姻的行為深切反省。」而柯比送給妻子美元四百萬鑽戒的傳聞也成為外界茶餘飯後的話題。事實上，凡妮莎大可以直接申請離婚拿走柯比至少一半的財產，但她仍選擇與柯比共同面對這令人心碎的婚姻危機。

凡妮莎原諒先生的舉動無疑拯救了深陷緋聞風暴的柯比，為他在公關上達到最佳的止血效果，也避免繼續傷害家庭。只

是傷害已然造成，許多贊助商撤銷了與柯比的合作，有的則按兵不動等待後續判決。但柯比非常清楚，如今真正支持他的只剩下在這風暴中傷得最深的妻子與家人。

不過，柯比在這段黑暗期還犯了一個糟糕的錯誤，那就是當他詢問警察能否私下解決時，竟脫口而出俠客也曾這樣做。這段話隨後公諸於世，俠客就像被出賣了並遭到公審，而這把火也澈澈底底地將柯比與俠客的關係燒個殆盡，比起過去場上的衝突或紛爭都要嚴重許多，俠客甚至揚言不願再與柯比打球。

除此之外，許多媒體還刻意帶風向，暗指柯比不為人知的假面形象與黑暗行徑。知名的《運動畫刊》就寫道：「一直以來，柯比極少將真面目示人，而我們完全不了解真正的柯比是怎樣的人。」這些論調讓柯比的人格大受衝擊與考驗，再怎麼反駁也說不清楚，陷入不斷挨打的局面。在這短短幾個月的暑假，柯比可說從天堂跌落谷底。

出乎意料地，案件糾纏數月後有了重大的突破。原來控告性侵的女接待員當天還與另外兩名男性發生性行為，其中一位還是同酒店的接待員，外界的批評聲浪於是轉向女接待員，不少人開始認為柯比其實是被仙人跳，最終雙方和解，整場風暴才畫下句點。

但這件事已經重創柯比的形象、家人的信任、與俠客的關係，更別說他往返球場與法院導致的身心俱疲。這彷彿在被視為紫金大軍浴火重生的賽季中投下了一顆不定時炸彈，湖人於

夏季的重量級操作也因而失焦，與此同時，「OK連線」正在分崩離析。

豪華的湖人四大天王陣容

在喬丹第二度三連霸期間，最大的三位苦主（也是傳奇）就是裴頓、馬龍與史塔克頓。若非受制於喬丹，他們很可能都已拿下生涯第一只冠軍戒指，但就是時運不濟，有個外星人擋在奪冠的路上。

隨著助攻王史塔克頓宣告退役，「郵差」馬龍與「手套」裴頓都渴望在職涯晚年最後一度衝刺歐布萊恩盃，了結籃球生涯中唯一的遺憾。當時湖人正面臨改組，教練菲爾與總管庫普恰克（Mitch Kupchak）很清楚倘若沿用一樣的陣容，即便「OK連線」合作無間，再次闖過馬刺或國王的難度依舊很高，因此勢必要有補強操作。

誰也沒想到，湖人竟在自由市場中奪下這兩位傳奇老將，也恰好補足球隊最弱的大前鋒和控衛環節。而且進來的可是堪稱歷史上最佳大前鋒之一的馬龍與一九九〇年代的防守天王後衛裴頓！全洛杉磯球迷都為此瘋狂。畢竟再加上「OK連線」，湖人等同擁有四大天王「F4」的豪華陣容。

儘管柯比為了出庭得缺席一些比賽，偶爾還需要趕場，但湖人這套陣式在開季之初即展現問鼎中原之勢，前二十一場比賽拿下18勝3敗，聯盟各隊也嚴陣以待。紐約的媒體就對此做出評論：「這支湖人沒有對手，他們唯一的敵人就是自己。」

最年長的馬龍成為球隊的核心人物與精神領袖，不僅在進攻或防守上深具團隊素養與智慧，無論處在高位或低位，也能有效讓球隊運作流暢；裴頓雖無法像過往一球在手，打得略顯彆扭，卻仍穩穩貢獻實力，而且出席率極佳。

這個賽季，柯比還是延續上個賽季扮演球隊的頭號得分武器。他的敬業程度讓人無法相信他正處於官司中，只要時間來得及，他肯定都在球隊訓練的行列，絲毫沒被他犯下的錯和輿論壓力給擊倒。他一貫堅毅，盡可能讓自己保持正常的步調。不管是薛佛、維蒂（Gary Vitti）還是溫特，周遭一直關注柯比的人，對於他依舊熊熊燃燒的競爭心感到不可思議。

只是當時柯比沒有餘力處理自己與俠客及菲爾的關係，湖人內部再次變得一團亂。這段時間正逢三人與球隊續約之際，各種抱怨、勾心鬥角的劇情簡直讓馬龍和裴頓看傻了眼，不禁好奇這支球隊過去到底是如何在這樣的混亂中奪得三連霸。

有時團隊氣氛也會微妙地影響運氣。在一片烏煙瘴氣之下，過去被譽為聯盟鋼鐵人的馬龍居然受傷缺席大半個賽季，紫金大軍開始自亂陣腳，整個一月的勝率連50%都不到。

柯比賭氣不出手、俠客於防守端偷懶且體重超標，湖人處在混亂的氣氛中且戰且走。即便如此，聯盟中沒有任何一隊膽敢小覷他們，等馬龍三月回歸後，紫金大軍又強勢拉出一波十一連勝，以西區第四種子闖進季後賽。這支球隊就像一齣好萊塢肥皂劇，沒有人摸得透他們的底線，季後賽似乎又將成為

他們的天下。

　　只不過湖人永遠讓人摸不透！整個季後賽，「OK連線」並非是球隊的救命仙丹，柯比與俠客早已貌合神離，連線威力大不如前，反而得靠傷癒歸隊的馬龍領銜球隊走在正確的方向。這位超過四十歲的老將不僅在首輪對上火箭扛住姚明，第二輪又防守馬刺王牌鄧肯，接著西冠還是由他來消耗年度MVP賈奈特。

　　倘若沒有費雪對上馬刺那0.4秒神奇的絕殺、沒有小將拉什在灰狼系列戰第六場令人驚異的發揮，系列戰鹿死誰手還很難說。總之，湖人雖一路過關斬將挺進冠軍賽，但並不如想像中所向披靡。昔日的勝利保證「OK連線」似乎正逐漸斷線。

　　來到冠軍賽，湖人遇到了非常團結且防守凶悍的底特律活塞。就帳面上星度來看，外界原以為可以輕鬆過關，但沒想到這系列戰他們連遮羞布都丟了。馬龍再次倒下後，紫金大軍群龍無首；老將裴頓也顯得力不從心，自身難保之下又怎能順利安撫團隊；更別說「OK連線」已經完全不演了，兩人各自為政打自己的。

　　柯比再次陷入單打的情緒中，但兩個華勒斯（指席德・華勒斯〔Rasheed Wallace〕與班・華勒斯〔Ben Wallace〕）聯手鎮守禁區讓他難以輕鬆突破得分，外圍還有普林斯（Tayshaun Prince）、畢拉普斯（Chauncey Billups）和漢米爾頓（Richard Hamilton）精準的聯防轉換，不斷干擾他的外圍攻勢，最終柯比除了在第二場扮演英雄投進致勝球外，其餘比賽就他的標準

而言都是不及格的發揮。

班・華勒斯

「大班」（Big Ben）是NBA一齣偉大的勵志故事。起初他連選秀會都不得其門而入，卻靠著滿滿的鬥志與拚勁，以及任勞任怨的苦力精神，一步一腳印在聯盟站穩腳步。來到底特律活塞後如同找到完美的歸宿，躍為聯盟禁區門神的新代表人物。

與穆湯波一樣，華勒斯也坐擁四座年度防守球員的至高榮耀，與前輩並列歷史第一。有所不同的是，華勒斯的防守範圍更廣闊全面，不單單是火鍋大王，連抄截斷球的判斷都屬菁英級別，這特質也讓他順理成章成為汽車城無可取代的防守司令官兼籃板王。

二〇〇四年，在華勒斯坐鎮禁區防守核心、全隊齊心投入防守下，這支活塞成為歷史上帶給對手最窒息威嚇的球隊之一。不僅於當年打出許多低分比賽，完全壓抑並限制對手進攻，同時以出色的防守為基本盤，該年爆冷門擊敗湖人奪下總冠軍。

華勒斯也是歷史上第一位沒進選秀會，卻曾擔任明星賽先發的球員。

昌西・畢拉普斯

談到聯盟浪人，人們大多會想起畢拉普斯。明明貴為選秀探花，卻在生涯前六年就換了五支球隊，一度讓他信心受挫，外界也認為他可能會提早從聯盟中消失。

然而，他來到活塞後彷彿獲得解放，逐步建立信心成為可靠

的指揮官，並靠著堅實的防守、穩固的進攻、沉穩的傳導組織團隊，與班‧華勒斯扮演球隊內外的精神領袖，也打響了他的職業招牌。

畢拉普斯在二〇〇四年與隊友擊敗湖人奪冠後，建立起活塞的強權時代，他也順理成章連續五年入選明星賽。即使離開活塞後，他仍在丹佛金塊打出不俗的表現，只可惜後來苦於傷勢，三年換了三支球隊，結束其精采的職業生涯。

兩位絕代雙驕就此成了「不OK連線」，先前引發熱議的「黃金F4」組合也淪為雷聲大雨點小的笑話。柯比單打獨鬥的風格則再次遭受批評，不少聲浪認為是他搞砸了湖人這次奪冠的機會。多年後柯比回首當時，也認為自己的確不夠成熟，並深切自省。倘若當年他和俠客的關係更友好，湖人絕對不只三連霸，肯定能夠奪下更多冠軍。

狠狠地絆了自己一跤的湖人，顯然到了該改朝換代的時刻。湖人隊老闆傑瑞‧巴斯一直很中意柯比的敬業態度，因此，當菲爾放話不願執教柯比，以及俠客執意要求高薪之下，巴斯毅然只留下柯比，決心開創新的時代。

湖人內部的變動讓許多人將矛頭指向柯比，認為是他毀了紫金王朝，迫使菲爾與俠客出走，柯比因此背負許多罵名。不過，縱使柯比並非始作俑者，就像他從未說過不和俠客打球或不服從菲爾執教，但誰都知道當時他肯定相當樂於情勢如此發

展。

　　總之黑暗混亂的二〇〇四年賽季過去了，柯比在這一年勇敢堅毅地面對挫折，但他也因此多了許多須沉澱自省的時刻。此刻身為「籃球公敵」的他，接下來得真正理解如何成為一名領袖，而重新掌舵一支球隊是一道相當艱鉅的任務。

柯比與艾佛森於二〇〇一年總冠軍賽交鋒的照片。同為 96 梯的兩位，不論人氣或表現都是當時站在聯盟頂點的球員，雙方有著迷人的瑜亮情節，都為一個時代的經典傳奇人物。（©KIM D. JOHNSON/ASSOCIATED PRESS）

柯比與俠客的「OK 連線」是 NBA 最經典的霸道雙人組。前者在外圍猶如利刃撕裂對手，後者則是在禁區輾壓制霸，幾乎可說是所向披靡。而有趣的是，他們最大的敵人就是他們自己。（©MARK J. TERRILL/ASSOCIATED PRESS）

二〇〇六年一月二十二日,是柯比封神的 81 分之夜。負責防守的傑倫‧羅斯(Jalen Rose)曾調侃地表示,他已很努力限制柯比的得分在 100 分之內了!暴龍用盡各種包夾都阻止不了這場瘋狂的得分饗宴。(©MATT A. BROWN/ASSOCIATED PRESS)

柯比與菲爾絕對能堪稱是 NBA 歷史上最讓人難以捉摸的偉大師徒。就像一位偏執狂與一名老狐狸的組合,雙方亦師亦敵的關係一直都是茶餘飯後的話題,而之後的二連霸更讓他們的組合添加傳奇色彩。(©Charles Krupa/ASSOCIATED PRESS)

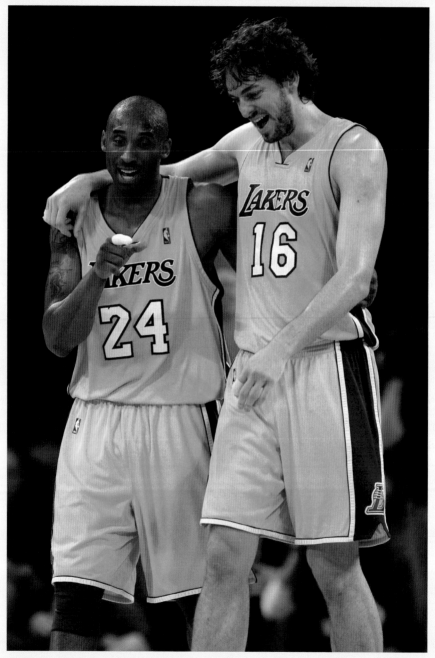

柯比與蓋索不僅僅是洛杉磯湖人經典的冠軍雙人組合,兩位互相扶持的兄弟情誼
更是讓球迷津津樂道。尤其柯比過世後,更加證明兩人的交情有多深摯。(©Alex
Gallardo/ASSOCIATED PRESS)

擊敗歷史宿敵波士頓塞爾提克,成功寫下復仇之旅並締造二連霸,二〇一〇年這冠軍無疑是洛杉磯湖人與柯比的顛峰之作,也是其職業生涯最具意義的冠軍旅程,而柯比雀躍的心情剛好與塞爾提克教練瑞佛斯(Doc Rivers,後方身著西裝)無奈的身影成為鮮明的對比。(©Mark J. Terrill/ASSOCIATED PRESS)

二〇一三年四月十二日，柯比忍著阿基里斯腱斷裂的劇痛完成罰球。這刻就是其曼巴精神的縮影！難以想像是怎樣的意志力與忍耐度，讓他能若無其事般地投完罰球。這也成為籃球歷史上動人的一幕。（©Mark J. Terrill/ASSOCIATED PRESS）

柯比就是柯比，二〇一六年即使來到生涯最後一戰，他也用了最屬於自己的方式告別籃壇。以不可思議的單場 60 分做為生涯閉幕，完成了俠客開出的 50 分挑戰，並且還加碼演出。（©Jae C. Hong/ASSOCIATED PRESS）

柯比與葛連・基恩（Glen Keane）以《親愛的籃球》奪下二〇一八年奧斯卡最佳動畫短片獎小金人。柯比再次在不同領域發起挑戰並寫下成功，也讓他成為 NBA 歷史上第一位贏得奧斯卡獎的球員。（©Matt Crossick/STAR MAX/IPx）

即使卸下球員身分，柯比與籃球仍緊密連結，建立屬於他的曼巴體育學院指導後進，尤其對於女籃方面投入很大的心力，將自身經驗與技術傳承給下一代。（©Damairs Carter/MediaPunch/IPx）

柯比與女兒 Gigi（Gianna Bryant）坐在場邊親密的畫面。假始沒有發生墜機意外，Gigi 很有機會成為女籃未來的新星，成為曼巴正統的接班人，也因為如此，那場意外更讓人感到痛徹心扉。（©Stephen R. Sylvanie-USA TODAY Sports/Reuters Pictures）

Lesson 14
沒有永遠的敵人

　　正所謂沒有永遠的敵人，柯比很清楚若想重返巔峰，再次接近歐布萊恩盃，哪怕他與菲爾之間有不少誤解與嫌隙，他也絕對需要這位冠軍教練的指導。經歷二〇〇五年賽季後，柯比了解到隊上需要一位會和他唱反調、了解他、又能激勵他的人，尤其菲爾的教誨是有力量的，不管中不中聽，他都無法忽略這位擁有九枚冠軍戒指的禪師。

柯比經歷了無比黑暗的二○○四年賽季，即便遭受許多人抨擊，但不少人仍相當欽佩他那驚人的意志力與鬥志，不僅持續專注於籃球，仍保持敬業態度面對賽事。這絕對比我們一般人想像得困難許多，需要非凡的心態才能不被擊倒。

　　鷹郡事件（亦柯比的性侵事件）、冠軍賽的一意孤行、俠客與菲爾離開的陰謀論，種種負面新聞壓向柯比身上，他彷彿成了籃球公敵。一票球迷甚至媒體不斷攻擊他、數落他，昔日的籃球天之驕子跌下神壇，淪為人人喊打的落水狗。

　　然而，柯比很清楚籃球需要的就是表現，說再多也沒用。因此，當他迎來首次扛起大局的賽季時，他渴望讓外界跌破眼鏡，企圖在新賽季大展身手，可是球隊的發展卻澈底給了他一個迎頭重擊。

　　事實上，俠客交易換來的歐登（Lamar Odom）、巴特勒（Caron Butler）都是極富天賦的年輕球員。只是光球隊先發就換了四名球員，留下的除了喬治，就是經驗不足的拉什和華頓（Luke Walton），其餘全是新血。如此一來，必然破壞了整個紫金大軍的體系，無論進攻或防守都得重練，最終端看團隊能否挺得過這段陣痛期。

　　更糟的是傷病問題，原本想倚賴老將迪瓦茲的場上智慧帶動球隊士氣，沒想到他才打沒幾場就掛免戰牌；令人敬重的冠軍教練湯加諾維奇（Rudy Tomjanovich）也在季中因身體不適而卸下烏紗帽，好不容易稍微上軌道的體系又打亂重來。

　　在湯加諾維奇時期，紫金大軍還有24勝19敗破50%勝

率，換成漢伯倫（Frank Hamblen）後，直直落到僅10勝29敗，相加下來這個賽季湖人僅打出34勝48敗的成績，這是他們自一九九四年後首度勝率無法突破50%大關。

儘管柯比仍繳出頂尖的個人數據，場均27.6分5.9籃板6助攻1.3抄截，但他的進攻效率卻較「OK連線」時期下滑；更重要的是，這賽季中他引以為傲的防守也未能有效發揮，而且是這些年來首次沒能入選年度防守球隊。

歸根究柢，就是因為柯比在進攻端消耗太多體力。當球隊沒辦法依正常體系運轉，身為主力的他就要格外賣力，導致他缺乏足夠的體力來支撐過往極具侵略性的防守。就在年輕的隊友不知所措、他又亟欲想證明自己的情況下，團隊的表現呈現惡性循環。此時，柯比彷彿也失去方向，身邊沒有熟悉的人可以拉自己一把。一些媒體見獵心喜公然提出質疑：「柯比當不成領袖？他的自私與拙劣的領導力正帶領這支昔日王者走向毀滅？」

首次成為球隊的領袖，柯比著實接受了一場震撼教育，更別說他還得帶領一票年輕小伙子成長。這和過往與一群知道如何比賽的老傢伙打球完全不一樣，他不僅要搞懂自己的定位，還必須學習如何讓歐登、巴特勒、米姆（Chris Mihm）清楚自己該做什麼，所謂的團隊才得以成形。

尤其當柯比眼睜睜看著俠客所在的邁阿密熱火打出隊史第二佳59勝23敗的成績，攜手二年級生韋德（Dwyane Wade）

殺進東冠，並與前一年淘汰他們的底特律活塞死鬥七場才鎩羽而歸，都讓好勝的柯比很不是滋味。

顯然，柯比需要一個能指引並且了解他的人，能夠在適當的時刻點醒或拉他一把。這是柯比職業生涯中首度無緣季後賽的一年，好勝成痴的他再次強迫自己正視自身的問題，而這些失敗與逆境都讓他變得更加成熟。

禪師回歸

二〇〇五年夏天，發生了一件讓眾人跌破眼鏡的事。離開一年的「禪師」菲爾・傑克森竟然回歸了。照常理來說這件事毫無可能，熟悉湖人先前內部關係的人都再清楚不過，柯比與俠客和菲爾這師徒三人合作的那五年間，表面上柯比與俠客嚴重交惡，但實際上柯比與恩師菲爾的關係才更為水火不容。

一切的開端來自菲爾在俠客與柯比間總是偏心前者，態度或做法上並不公平；無論是對俠客的寬容或是看待柯比的嚴格，都予人毫無原則之感。長年下來，柯比自然累積許多不滿，加上菲爾常像玩心理戰般在媒體前挑釁或批判柯比，久而久之雙方的衝突可說一觸即發。

而菲爾過去那句柯比「刻意搞砸比賽」，更讓兩人的關係變得不堪一擊，一直顯得有點尷尬，但為了奪冠，彼此間才努力尋求平衡點。直到二〇〇四年賽季，所有人似乎都不演了。想續約的菲爾直接上告總管庫普恰克，宣稱無法再執教柯比，假使柯比留下他就不幹。對於這道選擇題，老闆巴斯如前所述

很快有了答案。

離開湖人後，菲爾出版了著作《上個賽季：尋找靈魂的團隊》（*The Last Season: A Team in Search of Its Soul*），書裡描寫了湖人那動盪不已的二〇〇四年。他在書裡寫道：「柯比難以受教。」這本書可說在柯比當年跌落低谷時期又將他朝深淵推去，也被外界視為兩人完全撕破臉的關鍵。球迷深知，幾乎不可能再看到這對昔日師徒站在一起的身影。

不過，沒有永遠的敵人，為了奪冠，「讓我們一起埋葬過去！這是我與柯比的共識。」菲爾這麼說道。

對於重新接任湖人教練，菲爾表示自己並沒有想太多，只是基於珍妮・巴斯的邀約，希望他回來挽救球隊，同時幫助柯比。看著湖人二〇〇五年的挫敗，菲爾原以為自己會抱著幸災樂禍的心態，然而他沒有，畢竟這曾是他調教過三連霸的球隊，而且眼看曾是自己身邊的助理教練漢伯倫如此無助，他感到相當痛苦。

於是菲爾表示：「我對於再次和柯比聯手沒有意見。他若能接受我，我們就能再度合作。」柯比一聽之下，二話不說立刻與菲爾約在酒店碰面，一度水火不容的兩人見面後隨即相擁，接著促膝長談對於球隊的觀點與要求。之後雙方一拍即合，湖人也於官方媒體宣布新賽季禪師將重出江湖，消息一出震撼全聯盟。

從某個角度來看，柯比與菲爾都是非常偏執的人，雙方都

很有主見，行事風格也各自具備柔軟和強硬的一面。俗話說，不打不相識，離開了才知道對方的重要，或許對於這對師徒而言恰恰是最好的形容。

　　兩人也是可以為了勝利而放下成見的挑戰者與追夢者，能夠接受曾經相互敵視的人成為夥伴，絕對需要非凡的魄力和過人的智慧。最終事實證明兩人再次攜手合作是多麼成功的決定，都為自己的生涯再創高峰。

　　人與人之間總有摩擦，世界上是否真有永遠的敵人，全然取決於你如何看待那些人。但實際上，往往那些人才是最了解你的人。所以，聰明的人除了積極與同伴合作，也會勇於和競爭者聯手，達成互利共贏的局面。

　　柯比與菲爾知道，他們不可能立刻重返榮耀；但兩人也知道彼此會盡一切努力達成目標。過程中互相扶持又互相拉扯，激盪出最好的一面，一同享受這場萬眾矚目的挑戰。

　　一起做大事吧！這對結下恩怨情仇的師徒散發出強烈無比的企圖心。

Lesson 15
做到讓人又愛又恨

　　即便外界不斷批評柯比無法靠一己之力替球隊拿下勝利，又指他毫無團隊精神，再次將熟悉的「自私」標籤猛往他身上貼，柯比依舊沒有停下腳步的打算，反而更義無反顧地將油門踩到底。面對一波波反對他的聲浪，他仍以令人驚異的表現與反擊得到更多球迷的愛與支持。

一般而言，人都想要被愛，而且大多不想被憎恨。因此，人們希望得到他人的認同，順應潮流，做大家認為對的事，遂行內心討好他人的目的。俗話說，跟風向走總沒錯，不僅安全，而且待在普遍受外界認同的舒適圈裡，至少不會引起太多爭議或討論。

　　人往往會走向中庸之道，這沒有不好，但可能會限制自己原本的特質與風格。這樣的影響也會擴及處事之道、工作習性甚至籃球場上的打球方式，變成滿足別人的期望而活，彷彿他人的讚美與認同才能感受到自己的價值。

　　但柯比從小就反其道而行。在籃球領域上他享受做自己，而且沒有人比他更了解自身最強大的優勢，所以不管外界如何批評，那瘋狂進攻的侵略性，永遠是他的主軸打法。也出於這樣的偏執，導致他過去與菲爾的許多衝突。菲爾認為他不該一味進攻，而要更懂得相信隊友、分享球權，畢竟隊上還有俠客這樣的禁區殺器。二〇〇〇年至〇四年賽季，五年下來雙方爭執、內鬥不斷。

　　然而經過這些年場內、外磨合，從高峰跌落谷底的反省，柯比確實比以往成熟許多。儘管他依舊保持進攻端的侵略性，卻也更懂得何時該攻、何時該傳，建立起讓球隊表現更出色的團戰效應，這正是菲爾回歸後期許柯比做得更好的地方。柯比對此相當認同，除了兩人此刻必須同舟共濟，去年的挫敗更讓他了解到，光靠他單打獨鬥也無濟於事。他必須擁有其他的夥伴。

「倘若他想贏得更多冠軍，他就必須全心全意與其他球員聯手。」對於渴望再度奪冠的柯比，菲爾下了這樣的注解。另一方面，球隊也必須以他為核心重新打造陣容，例如選秀會上執意選進還不到十八歲的年輕中鋒拜納（Andrew Bynum，史上最年輕的選秀球員）。

一來是拜納擁有不俗的潛力，再來是菲爾崇尚的三角戰術需要出色的中鋒坐鎮。布朗（Kwame Brown）與米姆顯然只是過客，而湖人現有陣容中，將柯比當作喬丹來用，歐登則視為皮朋的控球前鋒角色，企圖打出團隊的競爭力。

由歐登當外圍組織者，柯比更多在肘區與低位發動攻勢，扮演三角發起點，讓外圍隊友伺機而動，得到更多進攻機會，積極營造團隊攻勢。這是柯比與菲爾在二○○六年賽季前所設定的套路，但顯然這條路起初走得非常不順。

球隊中，柯比之外的球員嚴重缺乏得分天賦，套一句菲爾於賽季初受訪時的發言：「我們缺少能穩定得分的球員。」原本期盼歐登能扮演第二號得分手兼組織者，但歐登不僅無法熟悉三角戰術的精髓，許多關鍵時刻甚至陷入迷航而表現崩盤，別說當個穩定的組織者，連得分貢獻都沒達到預期。

其他人就更不用說了，曾是選秀狀元的布朗在進攻端一直缺乏信心，甚至擔心犯規後站上罰球線，而希望柯比不要傳球給他。此話一出，柯比簡直氣炸了，這也更加確立球隊鍛鍊拜納的決心。

至於帕克（Smush Parker），雖有一定的得分能力，季初

一度場均20＋，但帕克的心理素質有問題，情感過於脆弱，時常失控，在球隊中是一顆不定時炸彈，這不只影響其個人表現，也影響球隊的運作與更衣間氣氛。

當年參與三連霸的喬治，在那之後並沒有打出期待值，而且愈打愈糟；打球較具經驗與智慧、適合三角戰術運作的麥基、沃頓與米姆則天賦有限，並與傷病糾纏，剩下的諸如烏賈基茨（Sasha Vujacic）、庫克（Brian Cook）、拜納、圖里亞夫（Ronny Turiaf）、法爾瑪（Jordan Farmar，二〇〇七年入隊）又菜得可以。

很明顯，菲爾回歸的前兩個賽季（二〇〇六、〇七年），湖人想走團戰卻不具本錢與默契，再加上戰績壓力，一切變得很尷尬。球隊無法放起來擺爛練兵，柯比在打法上也不知所措，到底要卯起來進攻還是給隊友更多機會與空間？陷入進退兩難的困局。

湖人渴望勝利，重返季後賽是第一目標，這是柯比、巴斯和菲爾三人一致的共識。一方面柯比亟欲重返屬於他的季後賽舞臺，球團也很清楚倘若再不打造出競爭力，自由市場的操作只會愈發困難。因此，菲爾當務之急就是拿到那張季後賽門票。

瘋狂飆分的經典

賽季打了十幾場後，原本不支持柯比單打獨鬥的菲爾也妥協了。他給了柯比一道通行證，讓他自由奔放地打出自己的風

格，展現得分侵略性，無需像季初那樣著重於低位攻勢，他要做的就是衝鋒陷陣。對此菲爾曾無奈表示：「很可惜，這就是球隊的現況，只有這樣做湖人才有侵略性。」菲爾的放任猶如打開了潘朵拉之盒，全世界的籃球迷自此見證NBA近代歷史上最神奇的飆分賽季。

這一切始於十二月二十日那晚對上達拉斯小牛的比賽。柯比彷彿化身為無可匹敵的進攻武器，大殺四方，光是前三節就轟下讓人瞠目結舌的62分，到了第三節更如入無人之境飆出30分。

在那一節，柯比打爆了眼前的防守者，不論小牛派出霍華（Josh Howard）或丹尼爾斯（Marquis Daniels），柯比都視若無物，直接將第一道防線摧毀殆盡；禁區第二道防線也擋不住手感發燙的柯比，想擋住他只能犯規收場，單節30分成了小牛的黑歷史。

柯比一個人在前三節的總得分甚至超越小牛全隊的總得分（61分），賽後連菲爾都不敢置信地表示：「我看過不少球員得分60＋的比賽，但我從未看過有人到第三節就完成這樣的壯舉。單節30分教人難以置信。」

這場比賽之經典，連諾威斯基（Dirk Nowitzki）也畢生難忘，不管是球員時期或退役之後，都曾談到柯比這一晚神奇的演出。他認為柯比就是最接近喬丹的人，而且深深吸住他的目光。諾威斯基在二〇二〇年一次受訪時表示：「對我而言，柯

比可能是我職業生涯二十年裡所見過、遇過最好的球員與得分手。我記得在一場與湖人的比賽裡，我們嘗試所有方式防守柯比，但就是擋不住，他就是能在我們頭上得分、打亂我們的防守節奏，甚至在一打四的攻防轉換下突破上籃得分。我想表達的是，他真的無法阻擋！」

曾執教過喬丹的菲爾也認同柯比是最像喬丹的球員，在某方面簡直如出一轍。「當初這只被視為一個炒作的話題，但現在看來成熟的柯比就是如此。這已經不再是無聊的話題，連喬丹都親口說過柯比是最像他的後輩。他們兩人都擁有非凡的競爭力。」

Unstoppable（堅不可擋）這個詞完全適用於二〇〇六年的柯比。隊友不給力、經驗不足，他就一肩扛起半邊天，展開他的飆分之旅。

隨後柯比又在五場比賽連續繳出45分、48分、50分、45分與41分連續五場40＋的火力。光是一月中旬，他就締造出十一場40＋的比賽，場均得分高達35上下，讓人彷彿看到一九八七年的麥可‧喬丹、甚至上古傳奇球星張伯倫與貝勒（Elgin Baylor）。

外界開始在意的不單單只是湖人會不會贏球，反而更關注柯比今晚又將飆出幾分。後來，若他該場「只」得30分，媒體還會評為失常，甚至以手感不佳來形容。柯比可說在NBA創造出屬於自己的世界觀。

最具代表性的，就是與達拉斯小牛三節62分那一戰。第

四節，柯比遵循菲爾的調度沒上場，無緣將得分數字再往上推，卻也意外惹來了批評。當時以反柯比著名的ESPN專欄作家西蒙斯（Bill Simmons）就相當不以為然，彷彿為反而反般連番砲轟：「別對我說什麼體育精神這套廢話！柯比沒有抓住一舉成名的機會，就只是一個徹頭徹尾的懦夫！他沒有準備好接受更大的成就，他只不過是在浪費自己的天賦，他將再也沒有拿下更高得分的機會。」

明眼人都知道這群反對者看不慣柯比的飆分旅程，不管贏球或輸球都會無所不用其極找話題抨擊。而顯然西蒙斯這番懦夫言論已讓柯比嘴角不自覺上揚，等著在他面前上演一場好戲，也就是二〇〇六年一月二十二日那足以封神的夜晚，苦主正是無辜的多倫多暴龍。

封神的那夜

那晚柯比的表現已沒有任何言語或文字足以形容，甚至可說是籃球史上開始以彩色畫面轉播以來，最偉大的得分饗宴！過往球迷們只能看著黑白畫面或零星片段回顧張伯倫的100分神績，柯比這晚雖沒達到這個數字，但整晚狂飆81分，下半場轟55分，加上他那更高難度的出手模式，整個過程以登峰造極來形容一點也不為過。

上半場柯比「只」得26分，暴龍以63-49的領先優勢壓著湖人打，這迫使柯比燃起高昂的鬥志企圖掀起反撲。而暴龍的皮特森（Morris Peterson）當時朝柯比飆垃圾話更是火上加

油，促使他進入所謂的無我境界。

　　以前NBA有個不成文的規定，那就是千萬別招惹喬丹，而對於先後執教喬丹與柯比的菲爾來說，挑釁柯比也絕對不是個聰明的行為。菲爾曾於受訪時表示：「柯比是個敏感的孩子，一旦遭受質疑，他會瘋狂想證明給你看。」

　　接下來的發展就是柯比馬上來一顆中距離跳投命中，隨即送出兩顆三分彈，再來個漂亮的搶斷後一條龍快攻暴扣，在一連串攻勢下，湖人第三節結束時已將原本最多18分的落後追到只剩個位數，甚至一度追平比分，柯比單節就轟炸多達27分。

　　來到第四節，柯比抬頭看計分板，隨即展開一連串猛攻，將暴龍轟得體無完膚，原本整場落後的湖人，在他猶如上帝化身的神奇演出下變成領先20分的一方。史泰博中心全場球迷也完全陶醉於這場華麗之秀，不停高喊著「MVP、MVP」、「球傳給柯比」，現場氣氛熱血沸騰。

　　當時場下的菲爾原本有意將柯比換下來休息，當他打算這麼做時，助理教練漢伯倫立刻上前阻止，並說：「你這樣會引起暴動，這場比賽將變成史上經典。」

　　最後歷史性的一刻來了，柯比在剩下四十幾秒時罰進兩球，統計欄上得分數字跳到「81」。放眼NBA球史上只有史前怪物張伯倫的「100」高過柯比，然而，在那個年代張伯倫的得分多半來自禁區，該役他63投36中，以57.1%的命中率拿下100分。相較之下，柯比大多在外圍出手，以46投28中

更高的60.9%命中率拿下81分。這樣的表現連場上執法裁判斯普納（Bill Spooner）都說：「這真的是一場歷史上最偉大的比賽，我很榮幸親身參與其中。」

在這場比賽之前，該球季全NBA就有九十九場賽事中球隊總得分不到81分，湖人隊就占四次。因此，柯比這晚獨得81分的神蹟演出，不僅讓體育界為之震撼，此戰的關注度甚至壓過NFL冠軍賽*，成為轟動體壇的大事。

這場瘋狂之秀的背後原因，其實正來自於柯比已經去世的祖父。那天是柯比祖父的生日，也是他祖母這輩子第一次來球場看他打球，所以他絕對要盡全力表現並求取勝利。這不僅僅是為了自己，也是感謝祖父母長年來對他的支持。

回想柯比如今的成就，祖父母在他兒時不厭其煩地為他錄下籃球比賽影片、寄去歐洲給他，絕對是一大關鍵。柯比在這些影片的陪伴下度過異鄉的寂寞時光，同時也看著傳奇球星在場上的偉大表現，一步步成長。賽後，柯比看著祖母、妻子與愛女為他喝采，想著祖父在天上看著他演出偉大的比賽，不禁眼眶泛紅，因為不管多少人質疑他、看輕他，只要家人與球迷

---

* 如同後來湖人副總裁說的：「那是一場平凡的比賽日，就是一個平凡的週末。」那天NBA總共九場比賽，沒有一場有著超乎尋常的關注度，加上湖人當時並不是有奪冠希望的季後賽隊伍，暴龍戰績還更差。相較之下，隔壁的NFL西雅圖海鷹和匹茲堡鋼人正在分區決賽中爭奪超級盃門票，絕大部分美國運動迷和記者都關注橄欖球，籃球只是當天的次要新聞。

繼續支持他，他就會義無反顧、永不放棄證明給全世界看。

這也讓所有球迷看見了柯比內心深處那隱隱流動的「曼巴之血」，而且那股血液逐漸沸騰到高點，那股熱潮即將席捲全聯盟。過去兩年，柯比經歷鷹郡事件、背上俠客離隊的黑鍋，以及上個賽季中斷季後賽之旅，生涯可謂跌到谷底，看似再也翻不了身。沒想到二〇〇六年賽季，柯比以自己最擅長也是最直接的方式，演出一場又一場驚人的得分秀，顛覆傳統的眼界，攀上生涯的巔峰狀態，並在關鍵的三月、四月繼續火力全開，相繼轟下十二場得分40＋的比賽，一舉帶領湖人拉尾盤以45勝37敗闖進季後賽。而他在整季繳出驚人的場均35.4分，是繼一九八七年以來喬丹的37.1分後最高的場均得分。

柯比的生涯在那一年觸底反彈，再度成為聯盟最受矚目的超級巨星，MVP競爭榜也直直衝上了第四名。

倘若柯比當初只想尋求外界認同、過於在意他人評價而不走這條看似爭議的飆分之道，那麼他可能就不會打出這場傳奇球賽，也無法在生涯低谷中澈底翻身、看見曙光。

人生是屬於你自己的。只要無愧於他人，相信自己所走的路非常重要。否則你將過著別人的人生，甚至因此拋棄真正的自我或屬於自己的特質。

一切正來自這樣的柯比，正來自他所擁有的難以被取代、教人又愛又恨的超凡魅力。而他也相當享受如此的殊榮，並說道：「人們恨我，但也因同樣的理由擁戴我。」

Lesson 16

耐心蟄伏，等待榮耀到來

走到人生的某個階段，很可能會陷入迷茫，而隨著內心的挫折感、不如預期的失落感一一浮現，連帶會感到憤怒，情緒也變得動搖。因此，如何在殘酷的現實中掙扎找出方向，是人生道路上相當嚴峻的挑戰，考驗你的耐力與定力。

俗話說，成大事者，必能忍常人所不能忍，所以忍耐恰恰是困難的最佳解決方案。忍耐不是要我們悲觀，而是要我們等待時機；不是要我們放棄、退縮，而是要我們懂得以進為退，正所謂蹲得愈低的人，就可能跳得愈高。

二〇〇六年，柯比在例行賽打出了近代最瘋狂的得分旅程。他彷彿一股腦兒宣洩過去兩年的怨氣，一舉拿下生涯第一座得分王寶座，湖人也順利闖進季後賽。整個籃壇都拿著放大鏡檢視他，他所承受的壓力之巨大，幾乎難以想像，但他知道目前的成績仍遠遠不夠，還得看球隊能在季後賽走多遠。

　　季後賽率先遇到西區第二種子的鳳凰城太陽，一般咸認湖人難以抵禦太陽的戰力。儘管柯比在例行賽對戰時，明顯展現后羿射日的本事，四場交鋒分別攻下39分、37分、43分與51分，火力可說所向披靡；可湖人卻只打出1勝3敗的戰績，這也說明了若想靠柯比獨力射下太陽的難度很高，其餘隊友必須跳出來才行。

　　不料開局即跌破所有人的眼鏡，湖人居然在系列戰取得3-1的領先。菲爾刻意放慢比賽節奏的戰術顯然奏效，柯比也打得相當無私，投入全副精力組織隊友進入狀態，並在防守端以身做則。第三戰柯比僅拿17分，但湖人還是贏了球，關鍵在於年輕球員，尤其是歐登與布朗聯手鞏固的禁區優勢。

　　第四戰可謂系列戰最轟動的一場比賽。當晚兩隊纏鬥，短兵相接打得血流成河，直到第四節倒數五分鐘，雙方比數從未超過6分。但太陽在關鍵時刻取得領先，在迪奧（Boris Diaw）兩罰中一於最後十二秒時仍保有5分的優勢。

　　眼看湖人即將被追平系列戰，帕克藝高人膽大投進一顆關鍵三分，最後更讓老練的控球大師史蒂夫‧奈許（Steve Nash），在包夾下被迫失誤掉球，給了柯比抓緊攻防轉換反打的機會，

直接長驅直入，以一個刁鑽的歐洲步搭配高拋球追平比分，史泰博中心全場沸騰幾乎要暴動起來，一舉將比賽拉至延長賽。

引人入勝的英雄劇情還沒結束。延長賽剩下四十幾秒，奈許於弧頂投進一顆價值連城的三分取得3分領先，眼看勝利再次掌控在太陽手上，只要穩穩在最後十五秒內守住優勢即可贏球，湖人處在相當被動的危機之中。

然而就在這十五秒，柯比與湖人又創造了驚奇。

擁有進攻權的湖人率先靠柯比快速突破上籃拿下分數，將比分追到1分差，照理說太陽會被刻意犯規站上罰球線，但湖人先是賭一波壓迫包夾防守，沒想到再次成功圍堵奈許，爭取到跳球的局面。

史蒂夫・奈許

在NBA的歷史上，得到一座年度MVP已是相當傑出的表現，蟬聯年度MVP更是驚人成就。而聯盟長達七十五年洪流中，只有十二位球員能夠達到此成就，奈許就是其中之一。而且說實在的，奈許絕對是這些球員當中天賦最平凡的一位，因此沒人想得到他居然能拿下這般殊榮。

奈許在達拉斯小牛已是聯盟明星級控衛，鳳還巢回到鳳凰城太陽後遇到貴人狄安東尼，直接晉升頂級控衛之林。他在狄安東尼體系如魚得水，成為跑轟軍團的指揮官，讓太陽旭日東昇迅速蛻變成聯盟頂級強權，連四年勝率超過65%，連續兩年殺進西區決賽。

只可惜奈許運氣不好，季後賽不是遭逢球隊傷病問題、就是

缺乏關鍵一擊，生涯自始至終都沒闖進決賽；二〇一三年與柯比聯手時也深陷傷病困境。但這些都不影響奈許身為聯盟史詩控衛的地位，除了擁有五屆助攻王，他同時是史上投籃最精準的射手之一，打法與風格影響著新時代。

這一跳讓湖人取得最後一波攻勢的球權，而在這最後五秒，柯比運球到右側罰球線位置，直接在兩人面前旱地拔蔥跳投，接著球畫出彩虹般的弧度應聲入網，隨比賽哨聲一同響起。史泰博中心全場球迷都瘋了，柯比也倍感振奮緊握拳頭，與隊友們相擁，接受漫天MVP的呼喊聲。湖人看似要上演以下剋上的戲碼，但之後的發展卻又一次成為柯比職業生涯的考驗。

處在1-3落後的太陽並未灰心喪志，接下來的比賽他們瘋狂提速，要取回他們熟悉的進攻節奏，禁區的收縮防守也更加嚴密，降低湖人禁區的攪和力。太陽自此找回行雲流水的團隊攻勢，如水銀外洩般一發不可收拾。隨後三場得分為114、126與121，湖人在防線上完全潰堤，即使第六戰柯比神勇地繳出50分也無功而返，就這樣被直落三逆轉淘汰。

第七戰柯比的做法也引發議論。當時來到下半場，他的進攻欲望變得異常低，還不停找機會做球給隊友，完全不像過往的他；只可惜隊友們無法有效把握，打鐵聲不斷外*，連三不

---

* 「打鐵」是一種籃球流行用語，指的是出手後球並未破網得分，而是打到鐵框後彈出。

沾都有。最終，相較於太陽的命中率高達61%，湖人隊上除了柯比之外的先發球員合計50投17中，表現相當低迷。儘管如此，外界仍將矛頭指向柯比，認為他停止進攻過於自私，對此柯比只回應：「倘若我們想逆轉比賽，我們每一個人都需要參與。」

經歷了極度瘋狂的二〇〇六年飆分賽季，湖人卻僅勉強打進季後賽並止於首輪。柯比似乎也澈底了解到，要想讓球隊奪冠，除了自己必須改變，球團能否打造競爭陣容更為至關重要。只不過，他無法掌控球團的決定，加上死對頭俠客·歐尼爾同年在邁阿密熱火與年輕的韋德聯手奪下總冠軍，柯比在二〇〇七年賽季與那年夏天不禁迷惘了起來。

被太陽無情逆轉後，那個暑假湖人制服組並沒有任何補強動作，只找來雷曼諾維奇（Vladimir Radmanovic）與伊凡斯（Maurice Evans），對於整體戰力幾乎無法掀起波瀾，只能依賴去年的磨合與柯比的主宰力迎向新的賽季。

換上24號的新背號，柯比明顯想嘗試轉型。他採取低調且團隊至上的球風，整個十一月場均出手次數才17次，去年可是高達27.2次，簡直有如天與地的差別。即使對手飆高分也視若無睹，依舊遵循這套模式來打。儘管打出合理的球風，卻又被外界抨擊他的狀態下滑，僅能維持一年的超高水平。

沒多久，十一月三十日對上當時戰績最佳的猶他爵士，柯比直接以行動回應那些想盡辦法質疑他的酸民，在第三節

面對爵士防守最佳、又被譽為「AK47」的基里連科（Andrei Kirilenko），柯比整節9投9中，以100%命中率單節轟進30分，又上演一場不可思議的進攻饗宴。

之後柯比陸續有爆發性的53分和58分進帳，說明他的進攻絕非退化，他很清楚去年球季湖人幾乎是靠他才能重返季後賽，然而瘋狂的81分、單季平均35.4得分的超狂演出，卻也令他被許多人貼上「自私、獨霸」的標籤，批評聲浪始終不斷。

經過去年季後賽失利，柯比深知靠他一個人別說奪得冠軍，連闖關季後賽第一輪都是問題。因此，二○○七年球季他試圖改變打法，多分擔組織的職責，改由歐登、華頓掌控球權，為的就是讓全隊融入比賽，力求發揮三角戰術的影響力。

柯比很享受擔任領導者的角色，看著隊友一一打出好表現，因為他很清楚要締造湖人王朝，就他一人出色是沒用的。但這也讓去年在場上大殺四方的他，在本季得分排行榜上始終落後安東尼（Carmelo Anthony）與亞瑞納斯（Gilbert Arenas），如今球迷眼中是蛻變後重視團隊的柯比。

季初湖人就在這樣的情況下打出令人意外的好成績，一月初，湖人戰績繳出23勝11敗的亮眼戰績，這也讓柯比更為投入帶領球隊前進。然而，才漸入佳境，湖人很快就遇到傷病的亂流，華頓、歐登和布朗分別受傷不克上陣，湖人原本就相形見拙的球隊深度遇到嚴峻的考驗。

團隊好不容易培養出勝利的化學效應與方程式，卻遭逢傷

病潮來襲，柯比頓時陷入孤立無援的狀態，猶如失去雙臂一樣。

於是柯比降低出手次數，取代華頓的組織工作，盼望在他的吸引下讓其他人跳出來幫助他。顯然結果是令人失望的，隊友不堪的演出讓這支湖人隊伍猶如凋敝的大屋，柯比努力想補起瓦片，屋瓦依舊不停崩落。湖人助理教練溫特就說：「他不停找機會給隊友表現，但是很遺憾大家沒有掌握住。」

湖人在明星賽前後苦嘗六連敗，更於二〇〇七年三月十五日輸給丹佛金塊後，迎來一波慘烈的七連敗。球隊整體疲弱的表現連菲爾都捉襟見肘起來，而七連敗也是菲爾執教以來最長的敗績，湖人眼看就要跌出季後賽名單之外。

湖人的連敗，讓柯比回想起二〇〇五年球季末瘋狂輸球的窘境，當時不僅被擋在季後賽門外，還中止湖人連續十年闖進季後賽的紀錄。同樣的噩夢似乎又要上演。

柯比無論如何都不願悲劇重演，因此當菲爾授權他可以依照自己的意志放開來打，他體內沸騰的血液又一次流動起來，「曼巴時刻」的封印也將再次開啟。

沒人攔得住的烈火攻勢

二〇〇七年三月十六日，禁忌之門打開了。面對拓荒者一役，柯比開啟進攻模式，第一節他只得 4 分，球隊以 24-16 落後，之後他全面爆發，第二節一開始連得 16 分，單節狂飆超過 20 分，湖人以 46-43 逆轉局勢。連拓荒者的新人羅伊

（Brandon Roy）都驚呼：「真的擋不住柯比，這要親身體驗後才知道。」

第四節最後一分多鐘，拓荒者還以96-89領先7分，眼看勝利就要收進口袋。但柯比展現不服輸的態度與逆天實力，隨即連飆三記三分球，尤其倒數17.2秒那顆，更有如畫破天際將比賽追平導入延長賽。

柯比在延長賽再攻下9分，帶領湖人在這場驚滔駭浪的比賽拿下勝利，終於止住七連敗。賽後拓荒者的藍道夫（Zach Randolph）欽佩地說：「柯比投進很多Big Shots（關鍵球）、投進很多Tough Shots（高難度球），還拿下65分，真的太恐怖了。」

當籃球圈又熱烈討論起大發神威的柯比，接下來他對灰狼又狂飆了50分。在華頓與歐登回來聯手送出19次助攻下，扮演箭頭的柯比打得輕鬆寫意。

柯比也因為連續得分50＋，成為近四十五年來第二位達到這項成就的湖人球員；前一位正是湖人前傳奇飛人貝勒，他曾在一九六二年連續三場得分50＋，而近十年來聯盟也只有艾佛森和傑米森（Antawn Jamison）曾連兩場達成。

故事結束了嗎？不，現在才要開始！

「真是太瘋狂了，柯比·布萊恩又砍了60分！他將與喬丹、貝勒及史前怪物張伯倫齊名！」二〇〇七年三月二十二日在客場面對灰熊的比賽，播報員激動地不停高喊，連曼菲斯的球迷都看傻了眼，那個披著24號球衣的傢伙究竟是人是神？

連續三場飆出50＋，恐怖的是還有兩場來到60分大關。他自信的眼神下，彷彿沒有人攔得住那烈火般的攻勢。

柯比的侵略性顯而易見，觀眾彷彿都聞得到那股血腥味。這場比賽之後，他成為歷史上第四位連續三場得到超過50分的怪物，而所有人繼續屏息以待，看他能否繼續推進場次，一舉超越喬丹與貝勒、持續追逐張伯倫。

二○○七年三月二十三日，在紐奧良黃蜂的福特中心球場（Ford Center），當比賽僅剩五分十三秒時，時間就像凍結了，現場球迷屏息以待，柯比一記跳投命中後，湖人以100-92領先黃蜂，眼看勝利即將到手。最重要的是，這100分有一半來自柯比，全場觀眾嘖嘖稱奇又看到一個神蹟誕生：「柯比‧布萊恩連續四場得分破50大關！他刷新了湖人的歷史！」

他是歷史上唯二達成的球員，僅次於張伯倫。張伯倫這頭神獸在一九六二年球季曾經連續七場得分破50，而該年平均得分為讓人膜拜的50.4分；現在柯比成為僅次於他的瘋狂怪物，也是繼去年「81分」後，又一場撼動運動界的傳奇大秀。

其實，當柯比得分接近40大關時，黃蜂就採取雙人夾擊無持球的柯比。對於他們來說，阻止柯比最好的方式就是別給他拿球的機會；一旦他拿到球，你能做的可能就只剩下抬頭看計分板又快速掛上兩分，或是看他站上罰球線慢慢掛上兩分。黃蜂教練史考特（Byron Scott）也不禁讚嘆：「我們知道柯比會有這樣的表現，也了解他打算做什麼，但我們還是無法攔不住他。」

接下來所有人都在談論，柯比有機會突破張伯倫連續七場50分的紀錄嗎？人們意識到這個看似不可能的任務，竟然在柯比身上看見了曙光；人們也認同此刻的柯比彷彿沒有極限。但對於眾人的熱議，柯比給了答案：「應該是不可能的，我不認為我做得到。但我的名字能夠和這些偉大的前輩並列，已是我莫大的榮耀，尤其可以讓年輕一輩的球迷有機會了解貝勒和張伯倫，他們的傳奇永遠讓後世仰望。」

　　二〇〇七年三月二十五日，柯比重返湖人史泰博中心。現場果然擠爆，場內、外塞得水洩不通，進場觀眾彷彿準備看一場經典的百老匯音樂劇，懷著朝聖的心情前來觀賞這場比賽。

　　當首節柯比就狂飆17分時，人們都覺得連續五場的紀錄不遠了。然而勇士隨即在第二節展開了視死如歸的防守，竭盡全力不讓柯比輕鬆持球，因此柯比前三節「僅」得31分；第四節柯比其實也沒有抱著非打破紀錄的念頭進行比賽，最終以單節12分助湖人順利逆轉比賽拿下五連勝。

　　這一場柯比得了43分，雖未能延續紀錄、卻仍帶領湖人取勝，對此他受訪時笑得開懷，並說：「我一點也不感到失望，我很高興拿下了勝利，讓我們鞏固了季後賽席次。而且，我總認為張伯倫就像真人版的籃球電玩遊戲，能夠和他相提並論，即使只是一項紀錄，對我來說都很酷。」

　　五場比賽，五連勝，平均53.6分，投籃命中率52.6%、三分命中率47.7%、罰球命中率91.5%，如此瘋狂的成績和「180

俱樂部」*的表現，無庸置疑是當代神蹟。柯比的進攻秀可說是一個時代的光輝時刻、最狂妄的得分饗宴，也是球迷口中的「瘋狂曼巴時刻」。

只是回歸現實，儘管柯比連續兩年在進攻端所向披靡，湖人卻仍是季後賽邊緣的球隊（42勝40敗），而且尷尬的是，這一年首輪又遇到鳳凰城太陽，戰局完全不像去年還有較勁、甚至一度領先的空間。這次太陽的禁區野獸史陶德邁爾歸隊，太陽只花了五場比賽輕輕鬆鬆就結束系列戰，比賽可說一面倒；湖人唯一贏的一場還是柯比力拚45分才險勝，而整個系列戰，他的隊友中只有歐登交出雙位數得分。

這樣的結果讓柯比非常挫折。這兩年下來他該轉型的都轉了，球隊需要他飆分時他也做了，球隊整體表現卻仍如此不濟。而外界每每大炒他當年逼走俠客導致紫金王朝崩壞的話題，要他為球隊的失敗背起黑鍋；加上球隊這三年來毫無大動作補強，柯比已然心力交瘁，萌生轉隊的念頭。

於是這個夏天，湖人交易流言滿天飛，柯比陷入舉棋不定的局面，直到開季前一個星期，外界仍不清楚這位黑曼巴會不會改穿上別的球衣。是紐約尼克或芝加哥公牛？還是同城的洛杉磯快艇或過往的對手底特律活塞？總之許多人都等著看好

---

* 指NBA聯盟的頂尖得分手，成員必須符合以下資格：單賽季同時做到總命中率50%及以上、三分命中率40%及以上、罰球命中率90%及以上。此外，球員也須在賽季中至少命中300個投籃、82個三分球和125個罰球。NBA歷史上，諾威斯基、奈許、柯瑞等人都是「180俱樂部」成員，其中光是奈許就達成四次。

戲。

　　然而，出於對湖人難以割捨的情懷，以及從哪裡跌倒、就哪裡爬起來的態度，最終柯比選擇留在湖人。等例行賽開始後，柯比直接搬出霸王條款拒絕被交易，並對外表示：「我就是湖人！」

　　這就是柯比的選擇。他選擇忍辱負重相信球隊，即便身處逆境仍保持耐性，蟄伏等待。他絕不意志消沉，而是保持振作，等待雨過天晴的榮耀之日到來。

　　柯比賭對了。一個足以改變他職業生涯與人生情誼的人將於下個賽季歸來，紫金大軍已經準備好一飛沖天，重返榮耀。

Lesson 17
不再做孤單的王者

　　曾經有媒體以斗大報導指出俠客離開湖人後，柯比應該再也沒有機會帶領球隊重返冠軍舞臺。但如今已不再是孤單王者的他，無情打臉了這種質疑。擺脫個人主義之後，他深知一根筷子能被輕易折斷，十根筷子無論如何都難以折斷的教訓。

　　不離不棄伴隨團隊成長，全隊目標一致、上下齊心的拚搏態度和求勝欲，這就是柯比這些年磨練出的心志與領袖氣質。最終在這一年點石成金，一舉翻轉外界全然不看好他與球隊的逆境。

二〇〇八年湖人開季陣容沒有太大變化，制服組只找了柯比昔日的老戰友費雪歸隊，這對比另一棚的波士頓塞爾提克組了賈奈特、艾倫（Ray Allen）和皮爾斯（Paul Pierce），簡直是天與地的對比。綠軍直升天際，從一支沒季後賽可打的球隊，躍為聯盟最熱門的奪冠球隊。柯比看在眼裡自然不是滋味，但他仍靜靜等待紫金大軍重返競逐列強的那天到來。

雷‧艾倫

在柯瑞成為三分代名詞之前，這個封號原本是由艾倫保管，這還是從前輩米勒承接下來的火炬。三分時代尚未開啟前，艾倫可說是最具代表性的三分射手，投籃姿勢猶如教科書般標準，生涯累積的 2973 顆 3 分直到二〇二一年才被柯瑞打破。

艾倫不只是隊上最準的神射，同時兼具飛人的意志，偶爾還會飛翔上演令人熱血的暴扣。只不過他出色至極的投籃掩蓋了這項特質。在他生涯旅程中，季後賽時常展現雷槍本色。公鹿時期與艾佛森你來我往互轟、在超音速轟下當時生涯新高的 45 分、在塞爾提克刷新新高 51 分、冠軍賽單場八顆 3 分進球紀錄（之後被柯瑞刷新）。

最讓人難以忘懷的就是邁阿密熱火二〇一三年冠軍賽 G6，最後關鍵讀秒階段，艾倫接獲波許（Chris Bosh）的傳球在底線投進一顆價值連城的追平三分，也是熱火最終能在系列賽翻盤奪冠的致命一擊。艾倫的神射形象自此屹立不搖。

保羅・皮爾斯

波士頓塞爾提克的歷史上有著許多傳奇球星，然而在柏德之後，球隊長年缺乏一個招牌人物，直到皮爾斯加入成為隊上的偉大圖騰。皮爾斯陪伴球隊度過漫長的低谷期，之後終於得到回報，迎來賈奈特與艾倫的加入，組成「GAP」奪下總冠軍。

皮爾斯被譽為擁有豐富武器庫的單打大師，同時也是聯盟著名的「關鍵先生」，常在球隊需要他的時候帶來「真理」。二〇〇八年冠軍賽他榮獲球隊FMVP。生涯總得分累積26397分，是塞爾提克隊史上得分破20000分的三名球員之一。

　　到了生涯這個階段，柯比已經很清楚他不能再獨來獨往做一名孤獨的王者，而是必須懂得與隊友合作共創大局。那麼要如何達到這樣的境界？他必須栽培自己的團隊，重新建立默契，畢竟眼下已不是當初俠客與一干老將還在的那支球隊。

　　柯比已經是球隊年紀第二大的球員，僅次於費雪，他也不再是當年球隊中年紀最輕的毛頭小子。他在菲爾苦口婆心地慰留下，相信菲爾口中球隊即將漸入佳境，並決定與年輕人一起前進。

　　另一方面，他的形象已經成了湖人的招牌，好勝成痴的他也絕不允許自己以失敗者的姿態逃開，更重要的是，當初喬丹也曾熬過等待皮朋與格蘭特（Horace Grant）成長的時期，如果喬丹可以，他為何不行？這種荊棘之道更有挑戰的價值。

賽季第一場比賽，湖人球迷給了柯比響徹球場的噓聲。因為當時外界以為這位當家巨星已經準備離隊，而正所謂愛有多深，恨亦應是如此。不過，柯比以行動回應球迷，他既沒說要離隊，更不可能因此就在場上應付了事，首戰即飆出45分擊墜來犯的火箭；到了第四節，噓聲早已轉為如雷的歡呼聲。

　　接下來的比賽，柯比延續過去兩年他致力轉型的風格：更相信隊友，不強求單打獨鬥。於是除了第一戰出手超過三十次之外，柯比十五場比賽場均出手僅18.9次，得分降到26.5分；儘管個人數據下滑，前二十場戰績12勝8敗也不算突出，但隊友在場上的實力明顯提升。

　　費雪回歸後，貢獻穩定的外圍準心並分擔領導重擔；歐登則愈發如魚得水，對比前兩年，已經很清楚自己在場上擅長什麼、又該做什麼，逐漸發揮全能的天才風采；至於原本較派不上用場的法爾瑪、烏賈基茨和圖里亞夫都成為板凳上敢拚敢衝的替補戰力。

　　然而，最關鍵的人物還是剛滿二十歲的安德魯・拜納。賽季前九場就繳出場均快雙十的數據，進步幅度可謂一鳴驚人，之後在布朗又進入傷兵名單後，拜納再一次扛起先發中鋒的大位。但不同於去年，這小子已經是聯盟水準以上的中鋒，能夠低位強打，基本的吃餅*與防守也面面俱到，當初高層堅持不

---

* 意指在場上接受漂亮的助攻、不受干擾出手得分。這個熱門用語原本略帶貶意，一說是來自電影《九品芝麻官》中「餵公子吃餅」的臺詞，表示該球員自主進攻能力較弱，需要隊友為其創造得分機會。

交易他換來基德，如今展現正向回饋。拜納是少數在禁區具有相當優異基本動作的年輕球員，過去就差在身體不夠強壯與經驗不足；但經歷這兩年的磨練加上外界批評，小巨人拜納更加積極進化自己，如今來到二〇〇八第三年的生涯已經不可同日而語。

其實兩年前，拜納充滿膽識敢回扣俠客，無懼與這位傳奇中鋒硬碰硬時，就看得出這小子鬥志極為強烈。當時俠客一個單臂補扣摺倒他後，他馬上爬起來跑去低位強勢要球打回去，最終還真被他完成一記雙手暴扣，所有湖人球迷都為之喝采。

拜納年輕有活力，能適應湖人快節奏的球風，打陣地戰時也具備低位威脅，完全適合菲爾的三角戰術，甚至比當年的隆利（Luc Longley）還要有破壞力，更別說兩人天花板完全不在同個次元裡，這名二十出頭的小伙子仍有非常多的進步空間。

這段日子，柯比則扮演專門吸引防守者夾擊的坦克，並透過他成熟迅敏的傳導製造二次助攻機會，讓戰友歐登、費雪或華頓更好處理球，而他自身進攻上也收放自如。有著這樣的控制力下，他就能將更多精力投入防守，也更有餘力在防守端帶動隊友，而不像以往光是進攻端的消耗就讓他筋疲力盡，形成良性循環。

除了歐登、拜納這些年輕有天賦的鋒線，其餘球員也慢慢步上軌道。最關鍵的是，球隊開季並無嚴重的傷病問題，湖人漸漸形成一支由柯比所率領的年輕勁旅，戰績水漲船高，在十二月底至一月中強勢拉出一波11勝1敗，一度還登頂西區之

首（26勝11敗），和東岸三巨頭之一波士頓塞爾提克（31勝6敗）成為東西雙強，這可是賽季前誰也想不到的局勢。

「湖人即將分崩離析」、「柯比會轉頭就走」、「這支紫金大軍將再次沉淪」，這是二〇〇八年賽季前普遍的預測，結果卻大相逕庭。猶如前面提到的，蟄伏後的光芒萬丈正是此刻，而更讓柯比與湖人球迷振奮的是，這道曙光還沒來到最耀眼的時刻。

此時，湖人雖異軍突起成為聯盟強隊，外界仍普遍認為他們在奪冠競爭力道上比較弱勢。因為除了柯比之外，球隊還缺乏真正的第二把交椅；歐登顯然還不夠格，拜納也仍稚嫩，這種劣勢可能導致湖人在季後賽的龍爭虎鬥中重蹈當年覆轍。

湖人對此還沒來得及尋求解套方法，過去兩年的傷病衝擊又捲土重來，拜納因傷報銷，導致湖人西區王座沒坐穩幾天就被打了下來，失去中鋒的情況下五場比賽僅1勝4敗。眼看前兩年的噩夢即將重演，外界紛紛猜測柯比是否得被迫開啟進攻模式？

關鍵交易

誰也沒料到，二〇〇八年二月一日這天，洛杉磯湖人總管庫普恰克完成一個改變球隊歷史的關鍵交易。他以布朗、克里坦頓（Javaris Crittenton）、馬克・蓋索（Marc Gasol）和麥基與幾個選秀權，從曼菲斯灰熊換到了當家禁區保羅・蓋索（Pau Gasol）。

保羅・蓋索

談到西班牙隊史上最偉大的籃球員,肯定就是遙遙站在所有人前頭的蓋索。他在國際賽場上為國家南征北討打下許多榮耀,先是奪下首座世錦賽冠軍,接著歐錦賽冠軍也攬入懷中。儘管奧運始終沒有奪金,但兩度搶下銀牌扮演美國隊最難纏的對手,也讓西班牙在世界籃球據有崇高的地位。

在NBA的職業生涯,蓋索也是灰熊球史上第一位招牌球星,帶領球隊開啟季後賽之旅。加入湖人後,與柯比和菲爾的三角戰術體系簡直是天作之合,他那滿滿智慧與技術型的打法,以及策應能力正是紫金大軍Showtime的樞紐,日後更與柯比共創生涯登峰造極的一刻。不僅是湖人二連霸的最大功臣之一,也是柯比生涯最親密的隊友。

蓋索生涯總計20000分+與10000籃板+和助攻3500+,累積的數據在NBA歷史上僅九位球員達到,無論在國際賽場或NBA聯盟,都是相當偉大的球員,未來也將成為湖人場館高掛球衣的紫金傳奇。

在這筆交易中,湖人實質戰力僅僅失去被稱為水貨狀元的布朗,而引進冠軍拼圖的過程也讓聯盟各隊暴跳如雷,認為湖人簡直是小偷,抱怨個不停,譴責聯盟應該阻止這種不公平的交易:湖人連歐登和拜納都沒失去,就能補進蓋索。

其餘球隊人心惶惶也是有道理的,畢竟蓋索那充滿智慧與技術老到的球風,無疑是三角戰術在高低位上的最佳發起點,他同時也撐起了湖人所謂第二號人物的空缺,與柯比成為雙人

組的最佳搭檔。

從小看著柯比長大的蕭就對此說過：「蓋索來的正是時候，他恰好遇到了最成熟的柯比，我相信這兩位高智慧的球員能夠擦出許多火花。而且，他們有個共通點：都渴望證明自己，都對冠軍非常飢渴。」

蓋索來到湖人之前，季後賽的履歷是 0 勝 12 敗，身為灰熊領袖的他難辭其咎；去年球隊也遭逢挫敗，整季僅 22 勝 60 敗，譴責他的聲浪四起，認為蓋索的實力被誇大，導致他被交易的可能性大增。只不過大家沒想到，最終湖人以這樣的籌碼就得到他。

起初蓋索並沒不樂見自己被交易，畢竟他對灰熊已有感情。但他一想到能與柯比這種超級巨星並肩作戰，能接受菲爾‧傑克森這樣的名教練帶領，再加上湖人正處在西區前端位置，這一切都讓他不由得興奮起來。

蓋索才剛被交易到洛杉磯，柯比就不斷傳簡訊向他打招呼，半夜還特別跑去他下榻的飯店，向他說明自己的帶隊方式與態度，以及一些自我要求的偏執。柯比開誠布公、設定目標，並且自信滿滿地對蓋索說道：「讓我們一起贏得冠軍吧！」

這可不是柯比大言不慚，更不是聯盟各隊杞人憂天，蓋索的確是紫金大軍欠缺的最後一塊冠軍拼圖。他可說是 NBA 當時最會導傳的禁區大個子，融入三角戰術對他而言更是輕鬆寫意。

尤其是他與柯比的雙人組擋拆配合極具殺傷力。過往與柯

比執行擋拆的拜納和布朗，無論在接球的穩定性與跑位智慧上都還有待加強，甚至還被戲稱奶油手*。可蓋索不是，柯比只要一個眼神他就很清楚要順下攻擊籃框，抑或打個Pick Pop（擋完人後外拉）在外圍投射。蓋索還擁有另外兩個大個子欠缺的外線能力，和柯比激盪的化學效應與默契有如無縫接軌，兩人的搭配彷彿天生一對。

更有意思的是，兩人的性格既互補且融洽。蓋索個性溫順不爭功，與柯比強勢好鬥的性格取得很棒的平衡；而且，柯比從小在歐洲長大，和西班牙裔的蓋索無論在當地文化、足球、文化藝術上都很有話題聊。從場內到場外，兩人皆予人一拍即合的既視感，而實際上也確實如此。

蓋索才加入不到一個禮拜，湖人隨即拉出一波十連勝的佳績，甚至過程中許多場都輾壓對手，展現出真正的王者姿態。過去榮耀的一九八〇年代與歐布時期的Showtime彷彿再現史泰博球場。

最終湖人打出57勝25敗的頂級戰績，繼二〇〇〇年賽季後再度雄霸西區第一寶座。而這些年經歷季後賽碰壁、連兩年徘徊後段班並止於首輪，柯比三年磨一劍後重登聯盟巔峰。與此同時，他也如願以償拿下朝思暮想許久的年度MVP榮耀，一舉打敗勁敵詹姆士（LeBron James）與保羅（Chris Paul）。

對於榮獲MVP的肯定，柯比表示非常感謝隊友的相挺。

---

* 通常指球員擋拆後拿到傳球容易自己手滑掉或指搶籃板後容易被撥掉等狀況。

的確，沒有這群年輕人的成長進步，以及蓋索如此隨插即用的給力，這份榮耀真的難以降臨在柯比身上。而這一切也是他擺脫孤獨王者的作風，與隊友攜手奮戰前行的成果。

湖人挾帶著高昂的士氣挺進季後賽，首輪雖面對由艾佛森與安東尼（Carmelo Anthony）這對「Double A」組合率領的丹佛金塊，對紫金大軍而言仍是牛刀小試。金塊不僅擋不住柯比的火力，卡特（Anthony Carter）甚至還做出惹怒黑曼巴的行為，也為球隊引來橫禍。

卡梅羅‧安東尼

高中時期，安東尼（暱稱melo）就是萬眾矚目的天才球員。擁有強健的體魄、一流的運動天賦，還有不俗的投籃手感，結合起來就是一臺為進攻而生的武器。更讓人著迷的是他那燦爛的微笑，套一句魔術強森的話，melo就是天生的巨星。

melo因為與詹姆士同梯而常被比較，人們總愛拿詹姆士的標準來衡量他，數落其不夠偉大。但實際上他已經具有非凡的傳奇生涯，總得分來到27000多分，排名歷史第九位，也是離30000分大關第二近的球員。

他在球場上也擁有許多輝煌紀錄，比如追平葛文（George Gervin）單節33分的瘋狂紀錄；上了奧運戰場就成為美國隊最具爆發力的得分武器之一，在倫敦奧運對上奈及利亞的比賽中，上場十四分鐘就12投10中狂飆37分，至今依然是國際賽史上極為出色的事蹟。

生涯晚年 melo 遭遇到不少打擊與誣衊，一度被認為將因此
結束球員生涯。但他憑著不服輸的心與改變的覺悟，最終成
為巨星球員轉型為角色球員的絕佳案例，相當不簡單。

在系列戰中，柯比分別拿下32分、49分、22分與31分，
第一戰與第四戰他上半場手感都不好，可是，他就是能在易籃
後很快做出調整，重振旗鼓，在關鍵時刻打得高效且聰明，不
只輸出火力，也讓隊友打得輕鬆，形成由團隊共同敲碎金塊的
局面，而非只有他孤軍奮鬥。

第二輪對上陣容完整的猶他爵士，柯比在系列戰依舊打出
如入無人之境的攻勢，迅雷不及掩耳突破撕裂防線，又或在低
位單打上單點擊破。爵士幾乎沒有選擇，大多擋不住的情況下
只能屢屢讓他站上罰球線。

光是看系列戰中柯比出現場均16次罰球就很清楚了。儘
管如此，教練史隆（Jerry Sloan）仍苦無對策，因為單防不論
派高個子的基理連科（Andrei Kirilenko）還是布魯爾（Ronnie
Brewer）都阻擋不了；假使包夾又會被帶動團隊攻勢，如今的
柯比已經不太會執意高難度出手，這無疑讓對手在防守策略上
難以得逞。

爵士雖一度將系列戰追到2-2平手，可是對於柯比依舊無
解，也導致接下來慘遭連下兩城，由湖人取得晉級西冠的門
票。在這六場比賽，柯比場均得分高達33.2分，外加7籃板7.2
助攻，命中率還高達49%，簡直無懈可擊。爵士的史隆教練也

忍不住讚嘆：「其實我們都知道柯比要做什麼，但我們就是奈何不了他。」

西冠是湖人對上柯比熟悉的老對手聖安東尼奧馬刺。然而，馬刺才在上一輪與黃蜂血戰七場分出勝負，前往洛杉磯的路上又出了些狀況，導致系列戰還沒開打就身心俱疲。來到首戰，馬刺前三節一度領先20分卻遭湖人翻盤。柯比與蓋索聯手在第三節末段發動反攻，末節柯比更扮演刺客，屢屢重傷黑衫軍，最終靠烏賈基茨穩穩罰進兩球漂亮拿下逆轉勝，而柯比下半場轟下25分絕對是致命要素。

原本該贏的卻輸掉，這種比賽通常最傷士氣，更何況是季後賽。第二場就是最直接的反應，馬刺被湖人狠狠痛宰，以30分的巨大差距吞下二連敗；第三戰馬刺成功扳回一城，關鍵第四戰卻在歐登的關鍵發揮下，由湖人成功率先聽牌。馬刺最終後繼無力以4-1遭淘汰。柯比則依舊掌控大局，系列戰場均29.2分5.6籃板3.6助攻且投籃命中率高達53.3%，又是一次高效的發揮，完全展現出年度MVP的頭號實力。

最後爭冠的對手並不讓人意外，就是過往與紫軍有著無數恩怨情仇的波士頓塞爾提克。這支坐擁三巨頭的球隊雖於季後賽打得跌跌撞撞，甚至以為將被爆冷門淘汰。好不容易克服高壓後，這支超級勁旅總算打出了王者氣勢，尤其過了底特律活塞這關後，彷彿一切已海闊天空。

冠軍賽對上塞爾提克，正是柯比殷切期盼的夢幻舞臺。身為湖人歷史上的一分子，若能在這至高無上的戰場擊敗綠衫

軍，再也沒有比這更富意義與痛快的一役，而這也將成為最具
紀念價值的一冠；加上綠衫軍軍容浩大，這挑戰無疑成了完美
的劇本，一場真正的宿命對決。

　　柯比還是孤獨的王者？不，他已經蛻變為真正的領袖，同
時澈底領悟到偶像麥可‧喬丹的霸王之道。

Lesson 18
態度，能感染身邊的人

　　美國國家隊高層羅恩佐（Tony Ronzone）曾說：「柯比・布萊恩改變了美國隊的態度！我發誓就是柯比開始的。」

　　羅恩佐回憶起當時美洲盃的決賽上，柯比主動請纓防守美洲盃的得分王巴伯沙（Leandro Barbosa）。最後在柯比嚴防下，巴伯沙全場僅投進一球；其中一次防守逼得對手掉球後，柯比隨即奮不顧身飛撲在地板上拚命搶球，展現瘋狂的求勝態度。羅恩佐對此印象非常深刻，他說：「我認為這是夢幻隊的分水嶺。當你看見全世界最好的運動員無懼受傷的危險撲向地面搶球，你還敢偷懶嗎？柯比的表現就像是一面鏡子，他告訴所有入選夢幻隊的球員，我們就是應該這樣打球。」

人生中最讓人沮喪的事，我想莫過於離成功近在咫尺時，卻以失敗收場。這可說是最殘酷的打擊。人們往往會自我安慰，認為過程也同樣很重要，但勝者為王、敗者為寇是永恆不變的事實，有些人可能甚至一摔就再也爬不起來。踏上王者之巔是多麼困難的道路，當你重挫之後，還有餘力重振鬥志、再闖一回嗎？

　　態度是決定一切的根本。無論好壞都會感染身邊的人。

　　與湖人對戰前，塞爾提克經歷兩次搶七大戰。不像西戰線上一帆風順的湖人，金塊、爵士與馬刺都被紫金大軍穩穩掌控局勢，並且一一擊破。但也正因為逆流而上，綠衫軍愈挫愈勇，不僅經歷詹姆士的單核衝擊，也與團戰經驗豐富的活塞纏鬥，這都加深了他們在防守端的韌性。

　　對於柯比在西戰線的火燙表現，塞爾提克早有應對之道。防守教練錫伯杜（Tom Thibodeau）訂出一套「柯比法則」伺候這位當代進攻大師。這套法則不採取包夾，而是以一套類似區域聯防的模式圍剿柯比，可說設下多層關卡阻擋，同時封阻干擾柯比習慣的傳球路線。

　　波西（James Posey）可說是塞爾提克主要的第一道防線，他利用身高與體格優勢盡可能帶來身體接觸，藉此消耗其影響力。然而，柯比真正的大麻煩是後頭的賈奈特、帕金斯（Kendrick Perkins）與 P. J. 布朗（P. J. Brown）。

　　他們總會精準地在正確的時刻補上高牆，形成一前一後的雙防守保險，迫使柯比難以輕鬆突破切入，與此同時增加高難

度與不舒服的出手選擇。像這樣透過擾亂其節奏、激怒其好強性格等方式，導致他陷入團隊合作與單打獨鬥的矛盾情緒中。

　　第一場柯比的命中率被壓到僅34.6%，湖人在關鍵時刻缺乏他這把尚方寶劍而無力追分敗北；第二戰柯比雖沒被壓制得那麼慘，但整場節奏掌控在綠衫軍手上，光是上半場就落後多達雙位數。儘管第四節由他掀起大反攻，差點完成20分的逆轉秀，無奈就是缺臨門一腳，外加綠衫軍板凳上殺出程咬金鮑維（Leon Powe），皮爾斯又適時大秀「真理」，湖人在系列戰只能率先苦吞二連敗，柯比拿下全場最高30分也於事無補。

　　第三戰有著輸不得的壓力，於是湖人在防守端與塞爾提克打起激烈的肉搏戰，進攻端則改變套路，讓蓋索著重在低位牽制，減少和柯比在高位的擋拆。因為兩人的連線模式已遭到塞爾提克限制，就在蓋索往油漆區靠的情況下，柯比側翼單打的空間得到提升與解放，並且馬上整裝待發火力回擊，以60%的高效投籃命中率轟下36分。

　　柯比的進攻雖然回溫，但整場只傳出一次助攻；而蓋索失去了高位策應的功能，湖人其餘球員在進攻端打得格外掙扎，連蓋索都深陷寒冬。扣掉柯比的得分，其餘的四位先發球員沒有一個投籃命中率在35%以上，甚至得分全是個位數，若不是板凳的烏賈基茨跳出來貢獻20分，這一戰的結果可能仍是凶多吉少，就算贏了，進攻端依舊被綠衫軍緊緊限制住。

　　湖人關鍵的第四戰，菲爾再次變換打法，蓋索重新扮演策

應塔，柯比將重心放在防守，出手上很謹慎，隊友開局則給力地打出行雲流水的進攻，首節即建立21分的領先優勢，紫金大軍打出了追平系列戰的氣勢。

但塞爾提克沒有坐以待斃，大幅落後仍打得有條不紊，硬是展現出東戰線所孕育的堅強韌性，以重建固若金湯的防守為目標吹起反攻號角。到了下半場，湖人進攻端漸漸卡彈，反而綠衫軍擺脫低潮，由皮爾斯做為箭頭、賈奈特扮演士氣製造機，落後的分數慢慢被蠶食回來，甚至追平超前。

最後決定勝負的四十幾秒，若湖人能守住一波還有機會打追平球，但瑞佛斯（Doc Rivers）將球交由艾倫操刀，其餘四人分別拉開空間，擺明要執行一對一單打烏賈基茨的戰術。

不料弧頂運球的艾倫以簡單的變速就騙走烏賈基茨的重心，接著猶如練習上籃般輕鬆擺球進籃。湖人禁區防守者還反應不及，外圍就被攻破滲透，愣在一旁的烏賈基茨當下已眼眶泛紅，因為他清楚這一敗對球隊打擊有多慘重。

總冠軍賽1-3落後，歷史上從未有任何一支球隊能翻盤，這無疑重創了湖人士氣。再加上今年漫長的賽季中，波士頓塞爾提克僅僅一次苦吞三連敗，可想而知要讓他們連輸三場有多麼困難。因此在許多人眼裡，這場冠軍賽系列戰基本上大勢已定。

所幸第五戰時，湖人頂住壓力拿下勝利。柯比在倒數四十幾秒從皮爾斯手中抄下關鍵球後快攻灌籃得手，分差擴大到4分鎖定勝利。儘管如此，整場比賽下來湖人還是呈現苟延殘喘

的狀態，又是一場領先大半卻差點被逆轉的比賽，一不小心就是上一戰的翻版。

第六戰塞爾提克不再有懸念，依舊全力鞏固防守優勢，讓比賽陷入有利於他們的慢節奏中。縱使第一節柯比就飆了11分，湖人卻仍處於落後，更殘酷的是來到第二節，戰局全場風雲變色，呈現一面倒的態勢。

波西與豪斯（Eddie House）在該節扮演壓垮駱駝最後一根稻草的執行者，兩人從板凳殺出，聯手連續轟炸三顆三分，拉出一波11-0的攻勢；湖人被這波轟得體無完膚，就此被打得人仰馬翻，最後那口氣吐了出來，士氣土崩瓦解一去不復返。

這場比賽早早在第三節就進入垃圾時間，雙方分差一直保持在30分上下，場邊的塞爾提克球迷也在場邊對湖人球員高唱知名樂團Steam的經典歌曲：「Na Na Na Na Hey Hey Hey, Goodbye!」柯比坐在板凳上失落地看著計分臺，眼見自己的球隊慘遭對手屠殺。最終，比賽結束哨聲響起，TD花園（TD Banknorth Garden）球場彩帶滿天飛一片歡樂氣氛下，他神色黯然、若有所思地離開。

從失敗中逼出更好的自己

柯比在這賽季經歷職業生涯最高峰的一刻，眼看他帶隊奪冠的美夢就近在咫尺，卻在最後嘗到了最痛的失敗。如此重大的挫敗只有兩條路可選：一個是消極撫平傷口；一個是不斷在自己的傷口上撒鹽，藉此逼出更好的自己。

顯然柯比選擇了後者，而且是輸球後立刻開始。

當塞爾提克球員與球迷還在場上興高采烈地慶祝奪冠，柯比與菲爾正關在一間休息室裡沉澱並探討失敗的原因。兩人情緒雖低迷，但一股不甘心與渴望復仇的情緒正燃起新的動力。

柯比在巴士上看著綠衫軍球迷在外頭不斷叫囂咒罵，還作勢要翻倒巴士，而波士頓警方卻放任騷動，沒積極驅散球迷。於是柯比和隊友痛下決心，互許承諾，下次肯定要擊倒塞爾提克，絕不因為一次摔倒就善罷甘休，絕對要討回歐布萊恩盃。看見球隊的氣氛，菲爾說：「要想讓球員專心一致，我認為沒有比遭受羞辱的失敗更為有用。」柯比將自身態度提升到瘋狂的境界，扛起團隊的領頭羊，進而帶來感染眾人的影響力。

這場冠軍戰的挫敗並未讓柯比停下腳步，他幾乎沒休息多久就投入國家隊的徵召，成為夢幻隊的一員。這次美國隊的組成格外具有意義，因為他們打算收復國際賽失土，先是二〇〇二年美國的世錦賽跌了一跤，接著二〇〇四年雅典奧運慘遭滑鐵盧，二〇〇六年又輸掉了日本的世錦賽，美帝在世界籃球只能說顏面掃地。

連三次出師不利讓美國開始重視國際賽，也認真看待世界各國在籃球競爭力上的崛起，假如這次奧運再輸掉比賽，肯定抬不起頭，所以這屆光是招募球員就精銳盡出，卯足全力企圖復興世界籃壇的地位。

柯比馬上表達想為國出征的意願，畢竟奪下奧運金牌也是他一直以來夢寐以求的目標。過去幾次如二〇〇〇年、二〇〇

四年的徵召他都未能如願以償，一次是被排拒在外，另一次則是身陷風暴，所以二〇〇八年北京奧運對他來說正是最好的機會。尤其是輸給塞爾提克之後，柯比更不願鬆懈下來，奧運征戰就是他最好的備戰過程。

經歷前幾年低谷翻身的試煉，柯比已經培養出絕佳的領袖魅力。來到國家隊後，他不強求掌握更多的球權出手得分，而是更享受認真投入防守端，在這塊領域上扮演起榜樣並展現精神，這為夢幻隊帶來難以估量的影響力。

當時國家隊的主管羅恩佐（Tony Ronzone）就表示：「柯比‧布萊恩改變了美國隊的態度！我發誓就是柯比開始的。」過往美國隊在國際賽事上常懷著自傲的心態打球，認為隨便打都會贏，儘管二〇〇四年後情況已非如此，卻始終沒人帶動全隊來轉換心態。柯比在北京奧運會上承擔起這樣的關鍵角色，而早在美洲盃*就是如此。

當一個擁有超強進攻能力的球員，完全專注在吃力不討好的防守時，這份態度感染了很多球員，大家漸漸將自己的數據好壞擺在一邊，全力為國家贏球。羅恩佐表示，K教練**至今仍留存柯比當時奮力搶球的照片，並且常拿出那張照片告訴球員：「這裡只有『我們』，沒有『我』。」

---

* 即美洲籃球錦標賽（FIBA Americas Championship）。

** Coach K，指美國隊總教練瑟雪夫斯基（Mike Krzyzewski），他自二〇〇六年起執教美國夢幻隊，於二〇〇八、一二、一六年連三屆奧運率領美國隊拿下金牌，並於一六年里約奧運後卸下兵符。

K教練也對柯比當時曾說的一句話永生難忘，那就是：「教練，我準備好了！每場比賽我都想對付對手中最好的球員，請將他們交給我。」在柯比這種態度的薰陶下，這支美國隊打出攻防兩端皆勢如破竹的主宰力，一路輕鬆過關斬將衝到金牌戰，而對手就是他的好搭檔蓋索率領的西班牙戰艦。

　　然而，西班牙在金牌戰以國際籃球最高水準展開反擊，強如連美國隊也拉不開比分，甚至在最後兩分多鐘，西班牙又打出一波氣勢企圖逆轉比賽，將差距追到僅差距4分。當時外界不免揣測，難道美國隊又要被翻船了？

　　但柯比可不願與近在咫尺的成功再度擦身而過。想噩夢重演？想都別想。就在關鍵時刻，他再度以NBA最致命的進攻武器、嗜血黑曼巴的形象上陣。就在美國隊士氣最低迷時刻，他承擔起進攻，於四十五度角三分線接獲詹姆士（LeBron James）傳球後，先是一個試探步假裝突破騙了防守者重心，接著直接旱地拔蔥出手，球就在犯規哨聲響起的同時刷出清脆的進網聲。

　　在全場攝影機鏡頭的另一端，柯比舉起左手食指擺出「噓」的動作，就是告訴那些看衰美國隊的人可以閉上嘴巴了！這顆關鍵四分球不僅為夢幻隊奪下金牌，同時也是柯比送給自己最美妙的三十歲生日禮物。

　　柯比來到而立之年，有了一個很棒的起點，接下來就是備戰二〇〇九年賽季，爭奪屬於他與隊友的歐布萊恩盃。於是他一回到美國就發起自主訓練營，而幾乎每一個隊友都來報到。

大夥很清楚，倘若柯比再被對手限制，他們必須有能力跳出來回擊與支援，而非無能為力坐以待斃。

　　球隊正式訓練營展開時，菲爾自豪地說：「打從訓練營第一天開始，球隊就像著了魔似的，每個人都露出自信滿滿的神情，都帶著最佳狀態歸隊，內心都燃著復仇的熱情。」所有球員不單單提升了技術，連身體強度都一起進化，為的就是不畏懼塞爾提克那種侵略性的碰撞防守。必須撕下「華麗卻軟弱」的標籤，顯然這支紫金大軍做到了。

　　全體球員在塞爾提克奪冠當晚所許下的承諾，如今就在這休賽期為了實現承諾而努力奮鬥。關鍵人物柯比以身作則的態度感染了所有人，就像他在美國隊時做的一樣，現在的湖人為他深深影響，願意跟著領袖共創大業。

　　套句費雪的話：「這是我待在湖人以來見過最佳的團隊氣氛。我想已經沒有障礙能夠阻擋我們，我們對自己與團隊有著無比的信心，不管遇上任何狀況，都要一起想辦法面對與解決。」

　　對柯比來說，不只他準備好了，他的隊友也準備好了，就等著好戲上場！

Lesson 19
一顆與眾不同的決心

　　二〇〇九年與一〇年的湖人擁有著令人動容的決心，眼裡只看到「奪冠」兩字，凡是擋在他們眼前的都要掃蕩摧毀。這股意志一直在柯比的籃球生涯中扮演相當重要的角色，但這兩年已然更加強烈且堅韌。

沒有任何事比自己做為球隊領袖、帶領球隊奪冠更美好的了。過去的三連霸，人們會說柯比是沾著俠客・歐尼爾的光環才能沐浴在榮耀中，卻忘了其實他在西區戰線上，往往打得比俠客還優秀。若不是柯比，湖人很難闖過馬刺、國王、拓荒者等重重關卡。

　　但擁有了生涯三座冠軍，卻連一個FMVP（NBA總決賽最有價值球員）也沒有，這樣還想被稱為當家球星或關鍵人物？柯比決定採取實際行動推翻外界質疑，二〇〇八年他好不容易逮到機會，只可惜功虧一簣；於是〇九年和一〇年，他立下更加猛烈且與眾不同的決心，使命必達，挑戰攻頂屬於他與他的團隊的冠軍。

　　這一次，柯比與湖人隊做足萬全的準備。背後的辛勞絕對難以想像，但所有人都咬著牙熬了過來。俗話說，皇天不負苦心人，這句話完全體現在湖人隊身上，球隊整體實力提升有目共睹，而拜納此刻回歸對於球隊可說如虎添翼。

　　去年拜納報銷，湖人禁區只靠蓋索獨力硬撐，在季後賽面對賈奈特、帕金斯、P. J. 布朗三位硬派禁區，顯得相當吃力且處於弱勢，導致蓋索在攻防兩端負荷過重。如今拜納回歸，湖人這對讓人稱羨的「雙塔」再度高聳，加上柯比、歐登與一干清楚自身定位的綠葉，這支紫金大軍來勢洶洶，準備重拾榮光。

　　這樣的氣勢很快就反映在戰績上，湖人在前十五場比賽即打出14勝1敗的開局。而且不只是贏球，還時常大勝，勝分差

上也是領先群雄。柯比在進攻與組織上早就收放自如，因此本季更多是他看著隊友的精采演出，關鍵時刻需要他時，再開啟猛攻的按鈕。

在打法上，柯比也做出犧牲，減少低位的攻勢，提升高位的終結出手，將禁區交給雙塔發揮，如此一來，三角戰術上他可與蓋索站在兩個高位點，讓拜納在油漆區攪和，同時歐登、亞瑞查（Trevor Ariza）有更多動線在弱側與底線做空切攻勢，至於費雪、烏賈基茨、雷曼諾維奇這些有三分能力的射手就埋伏外線。

湖人不只能打陣地戰，連打快都擅長，團隊攻勢火力十足，在進攻端建立屬於他們的Showtime。這和二〇〇五、〇六和〇七年的湖人儼然是不同的球隊，更讓對手頭痛的是，必要時柯比還是會露出他毒蛇的獠牙。

就像二〇〇九年二月二日在麥迪遜花園的比賽，柯比以31投19中的高效命中率狂轟61分，整場大蘋果迷看得如痴如醉，集體倒戈為來犯的他高聲吶喊「MVP、MVP」。除此之外，柯比還藉此一舉刷新麥可‧喬丹在這座偉大球場所保持的單場最高分紀錄，連死忠尼克迷、名導史派克‧李（Spike Lee）都折服讚嘆：「柯比神奇的表現很難不讓人聯想到23號。」

史派克‧李對柯比可說再了解不過。他在二〇〇八年曾為柯比拍攝一部紀錄片，他很清楚這傢伙對於籃球投入多少努力、在場上多麼專注且執著於勝利，是非常值得尊敬的球員。

柯比的火力釋放，除了宣誓自己進攻端寶刀未老外，也是

要告訴聯盟對手，即使拜納季中又受傷缺席大半時間，但雙塔缺一的湖人還有他能切換模式帶隊。這支紫金大軍已經成熟到能克服許多波折，傷病也不例外，而所有人都會挺身而出，就像費雪說過的那樣。

湖人整個賽季在西區獨領風騷，雖遭逢傷病亂流，依舊打出了65勝17敗的佳績，寫下隊史第三強戰績，只輸給二〇〇〇年的67勝和一九七二年的69勝。他們是這個賽季奪冠最大熱門，聲勢一點都不輸給衛冕軍塞爾提克或是聯盟戰績之首的克里夫蘭騎士。

柯比這賽季場均得分雖創下這幾年以來新低，僅26.8分，得分上40＋的場次只有三場，50＋更僅有對上尼克那晚，和過去幾年的他有著巨大的落差。但他在場上打得非常開心，常常滿臉笑容享受著比賽，這樣的談笑風生是過去看不到的。菲爾曾說，現在的柯比真的愈來愈像喬丹，他欠缺的就是建立自己的冠軍王朝，這一切將在季後賽見真章。

第一輪遇到猶他爵士隊，湖人可說兵不血刃，輕鬆以4勝1敗淘汰對手，而且拜納仍在上場時間受限保護下，可以看出兩隊的實力在此時此刻確實有著明顯的落差，湖人不需過於依賴柯比的單打就能擊垮爵士防線。

不過或許是例行賽打得太輕而易舉，又經歷毫無緊迫感的第一輪，湖人在季後賽之初的確稍微缺乏危機意識，果不其然，第二輪就踢到了鐵板。面對缺少麥葛瑞迪、姚明也成了傷兵的火箭，湖人意外陷入苦戰，整個戰線拖到第七場生死鬥才

216

得以晉級。

　　之所以打得這麼狼狽，主因在於球隊防守端無精打采，求勝心理也低迷不振，雖在關鍵第五戰痛宰對手40分，卻也在同樣重要的收關戰被火箭打得七葷八素，才導致得決戰搶七的戲碼。

　　第七場可說是湖人澈底甦醒的起點。一開局就展現強悍的防守氣勢，柯比聰明地善用雙塔優勢替球隊打出破口，半場就取得51-31的優勢，奠下勝利基礎；下半場也沒給火箭太多機會，順利結束辛苦的系列戰。

　　賽後柯比表示這系列戰極富意義，希望因此點醒每一位隊友，讓大家找回季初渴望冠軍的決心。對此他也向球隊精神喊話：「去年的這個時候，許多人認定我們難以匹敵，我們卻在冠軍賽澈底慘敗。我寧可成為一支能夠堅持下去、直到決賽結束的球隊，而並非僅僅威風一時的球隊。」

　　所幸來到第二輪湖人振作起來專注抗敵，因為對手非常難纏。這支金塊可能是聯盟擁有最多運動天賦鋒線的球隊，包括安東尼、馬丁（Kenyon Martin）、努內（Nene Hilario）、安德森（Chris Andersen）這些肯肉搏戰的狠角色。相較之下，眼見拜納還沒恢復狀態，湖人打得保守又畏縮，這系列戰更顯困難重重。

　　儘管柯比第一場就身先士卒打出渴望勝利的決心，以他一貫的英雄模式砍下40分，湖人也只小贏2分。畢竟金塊仍有

「melo」安東尼這樣的得分高手，球隊組織面則同時由畢拉普斯（Chauncey Billups）來梳理；而且，更重要的是，倘若沒有小將亞瑞查的關鍵抄截，勝負還很難說。賽後菲爾嚴肅地表示：「這場我們打得很辛苦，是柯比帶領我們殺出一條血路。」

第二戰柯比依舊高效地拿下32分，但melo再次抵消其得分，轟出34分，畢拉普斯也靠著經驗攻破湖人後場大門，很快戰局被扳平。如此一來，紫金大軍在前段就已失去主場優勢，相形之下第三戰的勝負顯得格外重要。而此刻雙方的士氣也站上了分水嶺，兩方都勢必全力爭取這一戰的勝利。

然而，金塊在主場打得風生水起，前三節都壓著西區第一的湖人打，看似很有機會守住主場拿下領先權。不料第四節湖人跳出了一名殺手，那就是年輕的前鋒崔佛・亞瑞查。

亞瑞查早在去年季後賽就已建功，今年則是從例行賽後半段升為先發，這都是他努力掙來的地位。他在防守端相當積極，肯拚肯纏，進攻端也願意不停跑動尋找機會，甚至還能投三分，很有聯盟優質3D球員*的架式。

而在這關鍵之戰的末節，亞瑞查率先投進一顆價值連城的超前3分，接著又妙傳給柯比輕鬆拿下2分。當金塊頑強地又超越比分時，亞瑞查毫不手軟補上一記3分逆轉局勢。最經典的還是這防守見長的小子，在最後關鍵時刻複製第一戰的抄截，直接澆熄金塊的反撲氣焰。在這名年輕中鋒出色的相挺

---

* 指會投三分並有較強防守能力（Defense）的角色球員。

下，湖人驚險拿下勝利，再次奪回主場優勢。

　　但過去三場金塊已經打出滿滿的自信，即使系列戰處在落後的情勢，卻看得出想擊敗湖人並非痴人說夢。而且，若少了亞瑞查那兩個抄截，局面可能截然不同，因此來到第四戰，金塊很快就重整旗鼓。

　　這場金塊多點開花，七人得分上雙；相較之下，湖人除了柯比與雙塔都喪失準心，整晚追分上舉步維艱。第四節柯比雖企圖靠一己之力打出反擊，但金塊關鍵先生畢拉普斯跳出來做出回應，賽事又拉回起跑點。

　　經歷四場惡鬥，菲爾與柯比決定用另一種方式對付金塊，讓柯比與蓋索兩位有傳導能力的雙箭頭去吸引包夾，藉此為其他人創造機會。第五戰柯比只出手十三次，第四節他還失去準頭，但他就是能傳出一些關鍵助攻幫助隊友，靠著蓋索與歐登撐起得分，湖人擺脫了金塊的糾纏，率先拿到聽牌權。

　　第六戰湖人依樣畫葫蘆，持續做更多的導傳活絡攻勢、尋找機會，讓金塊那種侵略性的包夾和輪轉防守忙得不可開交；而一旦金塊的防守變得沒力，柯比就以擅長的一對一單打各點擊破。在這場關門戰，柯比繳出精采的35分6籃板10助攻，命中率高達60%，蓋索與歐登各有20分的火力支援，加上這系列戰關鍵人物亞瑞查的17分，紫金大軍最終以119-92結束這場驚滔駭浪的系列戰，連續兩年闖進總冠軍賽舞臺。只不過等待著的對手不是他們最想見到的宿敵波士頓塞爾提克，而是奧蘭多魔術。

生平第一座FMVP

　　塞爾提克貴為今年東區之霸，季後賽卻深受傷兵困擾，而身為精神領袖、防守屏障的賈奈特無法上場更是一記重擊，就算勉強過了芝加哥公牛這關，第二輪仍不敵奧蘭多魔術。這支新興球隊是由年僅二十三歲的「魔獸」霍華德（Dwight Howard）為禁區核心，搭配外圍一干如路易斯（Rashard Lewis）、特克魯（Hedo Turkoglu）、考特尼·李（Courtney Lee）、「J. J」瑞迪克（J. J. Redick）等射手群，擁有聯盟最強的三分火力。

德懷特·霍華德

「魔獸」霍華德或許生涯有些爭議，晚期也成為浪人球員，但他絕對足以被稱做一個時代偉大的禁區中鋒。在進攻端，霍華德並不具備歐拉朱旺、尤因（Patrick Ewing）等傳統巨星中鋒精湛的禁區得分技術與腳步，也不像俠客那樣給人毀天滅地的輾壓力，因此不被外界認可為新時代的頭牌接班人。

可是他在防守端非常搶眼，擁有史上唯一年度最佳防守球員三連霸壯舉，同時保有五屆籃板王、兩屆阻攻王的頭銜，生涯籃板總數破14000阻攻2000＋、總得分超過19000分，而這些數字組合起來的門檻，歷史上只有五位球員辦得到，霍華德就是其一。

一度看似無球可打的霍華德，二〇二〇年賽季回到當年引發

靠著年度最佳防守球員霍華德掌控禁區，搭配優異的團隊攻勢，魔術一路過關斬將，解決七六人、衛冕軍塞爾提克和小皇帝詹姆士的騎士，就這樣攻上總冠軍賽舞臺。

對柯比而言，對手不是塞爾提克固然可惜，但這並不妨礙他奪冠的決心。就像前一年夏季的北京奧運，這一次他絕不會再讓機會從眼前溜走，他帶著比以往更堅韌的決心，為求勝利努力奮戰。而不只是他一個人這麼想，整個湖人團隊都朝著成功衝刺。

既然不是老江湖的綠衫軍，那麼非好好把握冠軍系列戰不可，而且首戰勢必精銳盡出。柯比說到做到，第一場就一馬當先狂砍40分，外加8籃板8助攻2抄截2阻攻的全能成績，進攻端有柯比這把利刃，防守端又限制霍華德的禁區威力，魔術外圍三分也沒能打出優勢之下，結果自然一面倒，湖人第一場以100-75大獲全勝。

第二戰，魔術展現不容小覷的調整能力，整晚與紫金大軍你來我往纏鬥不休，正規時間結束前，兩邊都無法將比分優勢拉開至6分以上。但事實上，魔術在最後1.8秒掌控了一槍斃命湖人的機會，不料考特尼‧李跑出了戰術，卻錯失本該十拿

九穩的空中接力上籃，以至於雙方進入延長賽。

　　延長賽經驗相對豐富的湖人，掌控了節奏，蓋索多次精準地跟進攻勢，打得魔術難以招架，其中最經典的莫過於與柯比聯手打出一記精采絕倫的擋拆。柯比硬是在兩人夾縫中妙傳給蓋索，順下攻擊籃框，創造小帳加一*的機會，當進球的那一刻，蓋索激情地仰天咆哮，也間接宣告湖人成功守住主場拿下二連勝。

　　返回奧蘭多的第三戰，魔術總算打出了韌性與火力，全場命中率高達62.5%，創下聯盟總冠軍賽團隊命中最佳紀錄。湖人雖然沒辦法直落三取得絕對優勢，但柯比等人仍充滿自信，因為即便魔術進攻打出代表作，他們還是有餘力戰到最後一秒。

　　第四戰柯比雖得到32分，卻遭受魔術針對性的嚴防，整場命中率不到40%。儘管被刻意限制，他還是成熟地利用傳導打開團隊局面；然而，魔術也有所回應，這晚皮特魯斯（Mickaël Piétrus）與特克魯在第四節熱得發燙，比分始終壓制湖人。

　　最後11秒魔術還保有3分領先並擁有球權，沒想到霍華德連續兩罰不進，給了湖人追平分的機會。但這次扮演英雄的不是柯比，也不是蓋索，而是二〇〇四年曾以0.6秒絕殺馬刺的費雪。

---

* 指出手時被犯規獲得加罰一球的機會。

湖人發出邊線球後，拿到球想馬上突進的柯比很快就被魔術施以包夾，於是他果斷地傳給前方的亞瑞查，亞瑞查又立刻傳給另一側的費雪持球推進。當大家認為球可能會回到柯比手上時，費雪一運到三分線就毫不猶豫拔起出手，球進網那瞬間，安麗中心（Amway Arena）球場的魔術球迷全場譁然。

　　當一次英雄還不夠，延長賽最後31秒，雙方平手的情況下，費雪又再次在三分線建功。當柯比在肘區持球即將被包夾時，眼明手快雙手傳球給在弧頂的費雪，而費雪依舊使命必達，給予魔術沉重而致命的一擊。取得聽牌權的湖人，這次離冠軍真的只差最後一哩路。

　　第五戰賽前，湖人全隊上下已將這場比賽視為最後一戰。這晚湖人打得格外有耐心，無論進攻或防守都戰戰兢兢、審慎以對。魔術雖第一節取得領先，但之後三節，節節敗退，第二節即被柯比與亞瑞查聯手拉出16-0的攻勢，可謂這一戰的轉捩點。

　　第四節才到中段，比賽進入垃圾時間，柯比盼望許久的一刻終於要到來，原本在場上幾乎都擺出撲克臉的他，也不禁嶄露笑容。賽事結束槍聲響起那一刻，柯比就像個興奮的孩子般手舞足蹈，接著與他的隊友激動地相擁，畢竟這是大夥去年共同的承諾，而憑藉堅毅的決心，美夢就此成真。

　　毫無疑義，柯比拿下生涯第一座FMVP。他在這場系列戰平均32.4分5.6籃板7.4助攻1.4抄截1.4阻攻，幾乎所有能做的事他都做了，同時寫下自己冠軍賽最高得分紀錄，得到這份榮

耀可謂實至名歸。而生涯第四座冠軍不僅追平俠客，這座冠軍更是他身為帶隊登頂的領袖證明，證明他也能將球隊帶到世界頂峰。柯比驕傲地說：「我終於可以不用聽到那些愚蠢的批評，終於能遠離那些煩人的聲音。」

　　柯比從二〇〇五年到〇九年這五年的自我救贖之旅終於修成正果，經歷這座冠軍，他在歷史上得分後衛的地位更形鞏固，他眼前要追隨的身影似乎只剩下偶像麥可・喬丹。

　　然而對於永不滿足的他來說，這座冠軍只是個起點，他將堅持志在必得的決心，持續追求勝利。唯有保持這顆與眾不同的決心，才能驅使自己不畏艱難、勇往直前，更別說湖人和塞爾提克的宿怨糾葛仍在，正等待他加倍奉還。

Lesson 20

復仇是最甜美的果實

　　這是柯比生涯最巔峰、最光芒萬丈的一年，湖人生涯總得分、季後賽總得分都在今年一舉成為隊史第一；他的五枚冠軍戒指也讓他超越俠客‧歐尼爾、提姆‧鄧肯，攀上現役球員首位；他也和魔術強森站在湖人隊史的同一座天秤上，成為湖人隊史最偉大的球員之一。這永遠是一個傳奇的歷史片段，我們可以稱他為處在紫禁之巔的黑曼巴，而這肯定是他人生之中最為甜美的復仇果實。

如果真的有宿命，那麼洛杉磯湖人與波士頓塞爾提克兩支球隊之間肯定有著牽扯不清的命運糾葛，他們就像天生的宿敵，也是 NBA 歷史上最有話題的經典對決。

這段史詩級的對抗始於一九六〇年代，一九八〇年代又再度激起火花，最具代表性的莫過於「東鳥西魔」，「大鳥」柏德與魔術強森的瑜亮之爭。而二〇〇八年總冠軍賽後，命運之神又將這兩支球隊拉在一起，偉大的宿命之戰再次掀起序幕。

二〇〇八年，湖人在總冠軍賽第六戰創下最悲慘的封王戰之後，柯比與隊友將這個差辱銘記於心，而這段沉重的失敗經歷，也讓湖人在二〇〇九年帶著復仇的雄心壯志重返巔峰，最終擊敗奧蘭多魔術奪下總冠軍。

儘管奪冠的喜悅不在話下，但對手不是塞爾提克似乎仍顯美中不足。畢竟那是湖人全隊眼中一直以來的冠軍假想敵，每一名球員都在堅韌的意志下躍躍欲試，企圖報一箭之仇，連柯比都公開表示：「拿冠軍固然非常美妙，但如果對手是波士頓，那才是美夢成真。」

因此，上帝給了他們機會。二〇一〇年賽季，柯比生涯最大的挑戰、最完美的舞臺、美夢成真的機會又再一次於總冠軍戰役中出現：湖人再次對上多年的宿敵，波士頓塞爾提克。

二〇〇九年夏天，湖人盡可能保持元核心的冠軍陣容，準備挑戰二連霸，最大的變化就是經過一番掙扎後，高層決定放掉去年表現優異的年輕小子亞瑞查，大膽簽下有著「野獸風格」的阿泰斯特（Ron Artest）。

朗‧阿泰斯特

若說一九九〇年代羅德曼（Dennis Rodman）是怪咖射手的代表，那麼千禧年後這個位置肯定非阿泰斯特莫屬。他們同樣有著不按牌理出牌的風格及火爆的狂人性格，球隊看得是又愛又恨，深怕這顆不定時炸彈隨時引爆，比如奧本山宮殿鬥毆事件就重創當時溜馬*。

一旦上了球場，阿泰斯特同樣在防守端有著巨大的影響力。他全神貫注於防守端，成為所有進攻者的鬼見愁，是十年世代中最強悍的外圍防守者之一，猛獸般死盯獵物的威嚇感極為驚人。曾榮獲年度最佳防守球員。

在湖人時期，阿泰斯特說到做到，與柯比一起拿下一座總冠軍。他多次在季後賽投進關鍵球，是球隊在二〇一〇年賽季得以連霸的福將與防守大鎖。

　　這位過去與柯比歷經惡鬥的防守魔人來到洛杉磯，很快就引來正反兩面的評價，甚至傳言湖人將難以控制這個脫韁猛獸。但不可否認，他的高強度防守力度與打死不退的精神帶給球隊前所未有的壞小子的特質。

　　對於阿泰斯特加入，柯比則相當樂觀地說：「他絕對是場上的鬥士，而且將帶給我們很大的幫助。我們非常歡迎他的到

---

* 指二〇〇四年在活塞主場奧本山宮殿例行賽上，起源於阿泰斯特與「大班」華勒斯間爭端所衍生的與場外球迷鬥毆事件。阿泰斯特因此被聯盟禁賽一個球季，其餘幾名溜馬隊員依參與程度各自被禁賽一場至三十場不等。

來。」阿泰斯特也懶得向那些批評他的輿論浪費脣舌，並且霸氣地表示：「我是來幫湖人奪得冠軍，我會帶給柯比很大的幫助，你們看好了！」

其實早在二〇〇八年湖人與塞爾提克冠軍賽第六戰結束後，人在現場的阿泰斯特就跑來向菲爾與柯比打招呼，並表明未來希望有加入湖人的機會，想與柯比並肩作戰奪下冠軍。誰也沒想到，兩年後這件事竟然成真了。

在阿泰斯特助陣下，湖人這賽季防守確實比去年更加凶悍，季初一波十一連勝無疑宣示著他們衛冕冠軍的決心。在這段連勝過程中一場對上邁阿密熱火的比賽，柯比投進一顆石破天驚的三分壓哨球贏得勝利，彷彿燃起他本季關鍵時刻身為殺手的熱血，賽後他笑著說：「這可能是我最幸運的進球之一，能夠贏得比賽、保持連勝真的很棒。」

只是幾天後對上明尼蘇達灰狼，柯比的右手食指撕裂性骨折，然而他不願就此離場，回到場下包紮綁上夾板後，繼續為球隊上陣抗敵。對此湖人首席訓練師維蒂（Gary Vitti）很驚訝於柯比的執著與堅韌，並說：「他對我說，綁完他就要上場。這可是要開刀的傷！但他就是這麼堅決，他並不打算動手術，因為他不想錯失奪冠的機會。」

但食指的傷勢的確影響了他的進攻。下一場背靠背作客爵士的比賽中，柯比因為手指的傷勢全場24投7中僅得16分，最後湖人不幸敗給爵士，連勝也止於11場。於是外界很快又質疑他的指傷將令進攻端陷入泥淖。

然而，最愛透過行動打破質疑的他，隨即在下一場面對芝加哥公牛的比賽中，向世人宣告他很快就適應了以四隻手指投籃。這一晚，他轟下42分擊敗牛群還不夠，隔天背靠背作客密爾瓦基公鹿時，又無人能擋拿下39分，更在延長賽裡施展絕殺贏得比賽。看著柯比如此精采的表現，連菲爾都說：「他以四隻手指打球，卻絲毫不影響他嗜血的演出。」

　　接下來，柯比彷彿絕殺或致勝球投上癮了，二〇一〇年第一天對上國王時，又以一顆三分球絕殺國王，延續他炙手可熱的關鍵手感。湖人陷入傷兵困擾後戰績並不穩定，所幸柯比總是多次在危機中挽救球隊，讓湖人戰績仍然保持西區頂尖的水準。除此之外，柯比更於二月一日在湖人的生涯總得分超越傳奇明星衛斯特（Jerry West），成為湖人隊史第一。

　　只可惜到了季末，柯比還是因為傷勢不得不休息幾場比賽，以至於湖人在最後只能以輸多贏少進入季後賽。不過先前打下的贏球基礎還是讓湖人高踞西區之霸，其他球隊仍不敢小覷。而所有人都看得出來菲爾老神在在，畢竟對他來說，那只是練兵和讓柯比休息的時刻，湖人著眼的正是季後賽舞臺。

　　首輪遇到今年新興崛起的奧克拉荷馬雷霆，原以為是個可以輕鬆過關的系列戰，結果卻讓所有人跌破眼鏡。除了柯比因傷勢未完全康復而有所保留之外，雷霆整支球隊所展現的天賦與衝勁都讓湖人相當頭痛。

　　不過憑藉經驗和禁區雙塔的優勢，湖人在主場兩戰還是有驚無險地拿下勝利。第一戰柯比雖然投籃相當冷感，到了第二

戰馬上調整狀態，攻下全場最高39分。這場湖人全隊完全靠他與蓋索撐起半邊天，尤其在第四節柯比單節15分更是球隊致勝的原因。賽後杜蘭特也尊敬地說：「他投進了很多困難的跳投，也製造了很多罰球機會，而這正是他之所以是偉大球員的原因。」

回到奧克拉荷馬，雷霆的韌性也澈底燃燒起來，鞏固自家主場二連勝後將系列戰拉回起跑點。眼看湖人就要陷入困境，阿泰斯特的防守實力在後兩戰發揮價值，在第五、第六戰如鬼魅般糾纏限制杜蘭特的表現，使其兩戰命中率分別低到只剩35.7%與21.7%。

關鍵第六戰，雙方直到最後讀秒階段還殺得難分難解，但勝利女神顯然站在湖人身後，因為就在柯比執行最後一記跳投沒中時，蓋索適時跳出來搶到進攻籃板，直接將球補進，讓湖人在驚滔駭浪中以一分之差晉級第二輪。對於雷霆的頑強，大感吃不消的柯比也於賽後表示：「我很慶幸接下來的對手裡，沒有像他們具備如此機動性的對手。實在是教人疲於奔命的一場系列戰。」

或許是雷霆的難纏讓湖人決心上緊發條，季後賽第二輪遇到老對手猶他爵士，湖人迅速進入狀況。除了雙塔的優勢讓爵士禁區難以抵禦，第一輪系列戰因傷命中率僅40.8%、場均僅23.5分的柯比這輪也逐漸找回感覺，爆發戰鬥力，平均繳出32分3.8籃板5.8助攻，其中投籃命中率更高達52.3%。就在柯比令人驚異的精湛發揮下，湖人無情地以4-0橫掃爵士。

同樣在另一端，鳳凰城太陽跌破所有人眼鏡，以4-0擊敗聖安東尼奧馬刺。這支於二〇〇六、〇七年連續阻擋柯比前進第二輪的西區強權，時隔多年後再次與湖人碰頭，只是如今雙方立場顛倒，湖人已非當年的吳下阿蒙。對於遇上太陽，柯比顯得格外興奮，畢竟好強的他可不會輕易淡忘那兩年的挫敗。

　　果不其然，湖人第一場比賽就展現高昂的士氣與企圖心。在柯比優異地繳出40分5籃板5助攻帶領下，湖人全隊打出58%的高效團隊命中率，板凳上的歐登也相當給力地貢獻19分19籃板，湖人首戰即輕鬆告捷大敗太陽。

　　第二戰也幾乎是第一戰的翻版，湖人再以57.7%的高團隊命中率重挫太陽防線。柯比在此戰當起組織控衛的角色，全場傳出13次助攻活絡全隊攻勢，而這也是湖人隊史上繼魔術強森後，季後賽單場助攻最高紀錄。賽後太陽教練簡崔（Alvin Gentry）頭痛地表示：「當我們改變防守策略包夾柯比，他又以組織傳球擊倒我們。」

　　此時，史泰博球場的湖人球迷已經按捺不住情緒，彷彿沒將太陽放在眼裡不停大喊：「我們要波士頓！」「我們要波士頓！」

　　但太陽並不就此束手就擒。回到主場的第三、第四戰大量採用區域防守擾亂湖人的進攻節奏；進攻上則在第三場靠著史陶德邁爾霸道轟下42分，第四場則是板凳爆發合力拿下54分，太陽很快反擊取得二連勝，讓這系列戰歸零。

　　來到關鍵的天王山之戰，太陽多次要被湖人拉開比分時，

就是能在逆境中打出反撲，前三節死命咬住比分不肯投降，第四節板凳又再次蠢蠢欲動打出一波又一波的攻勢，比賽剩最後3.5秒時理察森（Jason Richardson）更投進一顆幸運的打板三分追平比數，史泰博全場也沉寂了下來。

此時，這場比賽中全場手感冰冷僅9投1中的阿泰斯特，再一次發揮關鍵表現，當柯比執行最後一擊沒進時，阿泰斯特幸運地抓到籃板後馬上將球補進，讓湖人最後以2分險勝太陽。湖人進球瞬間，全場球迷陷入瘋狂，阿泰斯特與柯比立刻跳起來相擁，阿泰斯特也不停喊著：「我就說我是來幫助湖人奪冠的！我就說我是來幫助湖人奪冠的！」

太陽在有機會逆轉系列戰士氣的情況下失手，第六戰也明顯變得艱困，上一戰冷感的阿泰斯特此役飆出25分，柯比也不想打第七戰，全場再次展現曼巴的殺手天性轟下37分，意氣風發地帶領湖人連續三年闖進總冠軍賽。

總計這系列戰，柯比繳出驚人的平均33.7分7.2籃板8.3助攻的MVP級別數據，而對於柯比在第六戰第四節的表現，奈許也相當佩服：「柯比的實力太驚人了，那不是一般射手的出手，而是天才得分手的出手，這往往只有最頂尖的球員才投得進。」

再次對上塞爾提克

總冠軍賽就像是擋不住的宿命，湖人與塞爾提克在這三年內二度碰頭，過往身為宿敵的回憶又一次湧現，這對勝敗冤家

將展開一場你死我活的戰役。柯比也決心打破前年總冠軍慘敗的心魔，完成湖人歷史的宿願：擊敗波士頓塞爾提克。柯比於賽前表示：「我們已經不是二〇〇八年的湖人，我們更加成熟且團結一致，我們的眼裡只有奪下總冠軍。」

擾亂艾倫、死守朗多（Rajon Rondo）成為柯比首戰的主要任務，而他也將這項任務執行得相當澈底。他先讓艾倫陷入犯規麻煩，再全力封阻朗多的奔馳；阿泰斯特則執行他來到湖人的目的：死纏爛打皮爾斯。最終湖人從第一節中段一路領先到結束拿下首勝。柯比全場30分7籃板6助攻表現優異，其中更以第三節單節14分擋下波士頓的反攻最為關鍵。

然而，波士頓何嘗不是經歷大風大浪的超級強隊。第二戰艾倫就像盡數釋放第一戰沒有展現的火力，演出冠軍賽史上最偉大的三分秀，半場即砍進七顆3分，最終全場3分11投8中拿下32分，憑藉其旺盛的外圍轟炸，幫塞爾提克擋住湖人的追趕；而朗多第四節關鍵時刻連續得分，也讓湖人疲於奔命，無力追上比分而輸球，塞爾提克成功搶回主場優勢。

第三戰湖人再次於總冠軍賽舞臺踏入 TD 花園這個傷心地，但顯然湖人已有備而來，無懼塞爾提克球迷反覆叫囂，首節幾番糾纏後就領先到結束。此戰柯比雖因防守陷阱導致投籃命中率不佳，可關鍵時刻仍為球隊投進許多穩定軍心的跳投。

尤其老將費雪再次展現大心臟，第四節最後48秒完成一記漂亮的3分打，替球隊拿下勝利門票，柯比也激昂地說：「費雪是我們的領袖！他總是能將我們團結在一起，這方面他

一直做得很好。而當我被嚴加看守之際，他總是知道適時展開恰如其分的進攻。」

塞爾提克深知不可能一直擋下柯比，果然來到第四、第五戰，柯比的爆發力讓他們防不勝防，兩戰下來他46.9%的投籃命中率和47.6%的3分命中率平均攻下35.5分，讓以防守著稱的塞爾提克顏面盡失。可惜的是，最終勝利都由波士頓拿下，局勢倒向綠衫軍，塞爾提克率先取得聽牌權，眼看湖人又被逼到淘汰的邊緣。

原因在於第四戰拜納傷退，讓塞爾提克控制禁區優勢，第五戰湖人其餘球員則重演二○○八年無力跳出來幫助柯比的場景，讓他陷入單打的模式。儘管情勢相當不利，幾乎被逼入無路可退，柯比仍堅定不移，身為領袖的他毫不沮喪，反而激勵隊友要像個男人再站起來，絕不能因此動搖了決心，甚至失去自信。

看到柯比渴望勝利的態度，湖人全隊再次受到感染，回到洛杉磯的第六戰湖人打出果決的進攻與凶悍的防守，而柯比整場充滿侵略性不停造成塞爾提克防守麻煩，全場除了26分外還搶下11籃板、4次抄截。湖人就在全隊齊心協力衝鋒下以89-67痛宰塞爾提克，又將系列戰拉到最後的生死鬥。

歷史過去都站在塞爾提克的身邊，昔日與湖人無數次的冠軍交鋒，前四次雙方纏鬥的第七戰都是由塞爾提克帶走冠軍，第七戰就像是湖人的詛咒，而這道陰霾如今彷彿降臨在柯比身上。

在這場可謂生涯最關鍵的戰役中，柯比打出他季後賽進攻端最差的表現之一。他渴望奪冠軍、渴望打出好表現的心態反而讓他在場上失去冷靜，不斷強攻失手，徹底著了塞爾提克的防守陷阱，前三節僅20投5中，湖人還落後4分，整場節奏被塞爾提克壓著打。處在退無可退的危機之中，柯比顯得相當焦慮，此時菲爾告誡他：「你並不需要全靠自己的力量打球，讓比賽自然發展就好。」這句話點醒了他。

第四節他果然找回屬於自己的節奏，儘管投籃依舊冷感，但他不停試圖製造對手犯規走上罰球線，在抓籃板與防守上也拚勁十足死守著防守籃板，而隊友們也在此時挺身相助。

比賽剩下最後一分鐘，湖人只以76-73領先3分，這時柯比傳球給四十五度角的阿泰斯特，這位季後賽三分命中率不到30%的小伙子居然直接拔起來跳投，這發展完全出乎塞爾提克的預料，連柯比也嚇到了。

然而這狂人毫無所懼地投進一顆價值連城的三分球，當下他馬上獻吻給所有湖人球迷，隨後下一秒就指揮球隊防守跑動。柯比則興奮地緊握雙拳，因為這一球幾乎可說已經奠下了湖人的勝利。最終在烏賈基茨穩健罰進兩球下，湖人取得了所有湖人球員與球迷夢寐以求的偉大勝利。

這一戰柯比雖投籃狀況不佳，整場比賽仍拚勁十足，單場抓下極為關鍵的15個籃板，加上第四節頑強拿下10分，而且，若不是他前幾場的優異表現，湖人可能早已打包回家。柯比在這場總冠軍系列戰中依舊繳出平均28.6分、8籃板3.9助攻

2.1抄截的亮眼成績，縱使命中率沒有先前的水準，還是無法掩蓋他為球隊所做出無可取代的貢獻。

完成二連霸的璀璨榮耀，柯比猶如放下千斤重擔般開心地跳上播報臺慶祝他職業生涯最美妙的一刻，連續兩年拿到FMVP也讓他眼眶泛出淚水，並且自評此役低潮的投籃表現：「我太想要這個了……我真的太想了！我真的……真的……真的很累了。而當我愈想努力，勝利似乎卻離我愈遠。」

接著他感性地說：「這是最最最甜美的一次勝利，因為我們打敗的是塞爾提克，也因為我的隊友們撐起了我，這是我人生最美妙的日子。」

復仇兩字往往會被歸類為不好的行為。

但套用在任何一項競技領域，我反而認為人們需要的正是復仇的心態。一旦失敗就消極地認為自己技不如人，拍拍屁股不當一回事，永遠很難超越自己更上一層樓。正是出於復仇這樣的驅動力，並為此設立挑戰目標，才能締造愈挫愈勇的榮耀旅程。

不過對於湖人而言，這兩年的復仇之旅終在對上塞爾提克系列戰後正式煙消雲散。或許這也象徵著鬆懈的開始，這就是為何挑戰三連霸是這麼困難的目標。

Lesson 21
勇敢承認失敗

　　失敗並不可恥，反而不願承認失敗、總是為失敗找藉口，才讓人不齒，因為這只會讓自己活在狹隘且自我安慰的舒適圈。而唯有正視失敗，才能看透問題所在，進而尋找解決的可能性。

　　對柯比而言，曾經經歷連續兩年的失敗，他都勇於承擔，並且努力改善自身缺失，持續精進並和時間賽跑，以身作則為第六冠拚搏。柯比深知他的職業生涯來到了黃昏，必須緊緊抓住所剩不長的巔峰尾巴。

洛杉磯湖人擊敗宿敵塞爾提克拿下二連霸後，下一個目標絕對是力拚歐布連線時期的三連霸壯舉。而這個夏天，球團也在陣容方面做了經驗上的補強，成功於自由市場招募到布雷克（Steve Blake）與巴恩斯（Matt Barnes），乍看是相當不錯的操作，因為兩人在其他球隊甚至還能扛先發輪替。

　　只是如此一來，失去了過去幾年成長許多的烏賈基茨與法爾瑪，相對也失去年輕的熱血球員，整個球隊的年齡層更為增長。放眼聯盟，湖人已是年紀第二大的球隊，而此一操作也在事後證明是不適當的，是湖人之後一連串失敗的起點。

　　二○一一年賽季，聯盟的節奏似乎又比前幾年更快，而這套陣容也讓他們在攻防兩端的消耗蒙受考驗，比如去年首輪遇上奧克拉荷瑪雷霆，這支年輕球隊的衝速差點讓他們在首輪滑鐵盧。

　　更讓湖人憂心的是柯比的身體狀態。過去幾年他幾乎帶傷硬打，若再往前他單核的那幾年賽季，要說沒有長期疲勞或損耗過度是不可能的，尤其他右手食指的關節炎愈發嚴重，幾乎到了無法完全康復的狀態。

　　雪上加霜的是，去年他右膝也出了問題，甚至總冠軍賽期間必須去抽膝蓋的積水，這些問題都迫使柯比得在夏天動刀處理，並且導致他沒有太多時間參與球隊練球、將自身調整到最佳的競技狀態。

　　儘管例行賽上，柯比、蓋索、歐登、費雪與阿泰斯特都全勤出賽，主力球員仍保持高出席率，但湖人無論是整體態度和

對勝利的渴望，明顯看得出遠不如二〇〇九年與一〇年，不僅是心態上不如前兩年奪冠時緊繃，專注力也稍顯失去穩定。不只是球員，以菲爾為首的教練團也出現隱憂。

這位傳奇教練在經年的漫長賽季奔波之下，已然疲憊不堪，除了長年右膝疼痛不適影響生活作息外，季中還檢查出罹患前列腺癌。此時的湖人看似一帆風順，實則卻遭受內憂外患夾擊，處在相當大的危機之中。

最糟的還在後頭，球員工會與聯盟薪資談判不順利，二〇一二年賽季封館的可能性很高，導致球團高層與球員、教練和工作人員之間人心惶惶。即使湖人整個賽季最終繳出57勝25敗的佳績，與去年打出相同數字，盤踞西區第二的高度，但無論是柯比的競技狀態、團隊攻防默契，都未加以整合，季後賽只能且戰且走，視戰況調整。

首輪遇到紐奧良黃蜂，第一戰湖人的防守體系就被保羅（Chris Paul）給玩爆。整個賽季，湖人都在適應珀森（Chuck Person）提倡的新防守系統，藉此降低球隊年齡層過高、防守擋拆跟不上的問題。

克里斯・保羅

「CP3」保羅從新人年時期就讓人見識到他超齡的老成沉穩，很早就被視為是挑戰偉大控衛的球員。而他最終也沒讓球迷失望，達到的成就一點也不輸給眾多傳奇前輩，是時代中最具代表性的超級控衛。

CP3生涯助攻數累積破萬，失誤數卻少於3000，在NBA歷史上只有他辦得到，這也說明他控制失誤是球史上最頂尖的指揮官。助攻之外，他也是頂級的抄截手，拿過六屆抄截王，總數位居歷史第五。光是這兩項數據就能看出他在攻防兩端所擁有的影響力，而他精準的中距離跳投就如錦上添花。

只不過CP3也屬於聯盟悲情人物，長年將球隊帶領到角逐冠軍的高度，卻屢屢在季後賽敗北，遭受傷病衝擊後難以發揮真正的實力，還被譏笑連西決都踏不進。

然而，在整個職業生涯中，CP3無數次展現自己是與勝利畫上等號的球員，從黃蜂時期爬到年度MVP榜第二名、建立快艇隊史最具競爭力的盛世、為火箭創造隊史最佳戰績、差點擊敗「宇宙勇」＊，甚至化腐朽為神奇率領雷霆打進季後賽。

來到鳳凰城太陽後，他也終於達成踏進總冠軍賽舞臺的挑戰。再也沒人敢質疑CP3對於球隊超凡的正面影響力，而是滿懷欽佩遙望著這名身為他所屬時代的偉大控衛。

只可惜團隊還來不及做到位就進入季後賽，於是被善於識破防守漏洞的組織大師「CP3」保羅抓緊機會猛打一番。而湖人在防守端也變得格外被動，以致系列戰前四場竟戰成2-2平手，身為前端種子的湖人甚至看起來處於下風。

這局面已讓球隊夠難熬了，然而禍不單行，由於工會與聯盟談判破裂，二〇一二年賽季確定無法如期開啟；球團這時也

＊ 宇宙內最強球隊，指在柯瑞帶領下多年表現出色、四年三冠且擁有統治級綜合實力的金州勇士。

通知球隊的助理教練群、訓練師、按摩師與營養師將不會在這個夏天續約，言下之意就是要員工做好失業的心理準備，這對團隊氣氛可謂相當沉重的打擊，球員也很難不被影響。

儘管「禪師」菲爾向球隊精神喊話，湖人在之後兩戰找回專注力與自信，主打禁區優勢，以直落二淘汰黃蜂晉級第二輪，不過柯比這系列戰場均僅22.5分3.7籃板3.8助攻1.5抄截，和以往的表現全然不同。這已經不是單純講究團戰的問題，而是柯比明顯失去侵略性，打得比以往被動，原本就全身是傷的他還在季末扭到腳踝，傷病與疲憊讓他接管比賽的能力顯得力不從心，比賽前甚至得吃止痛藥。

除了柯比以外，二當家蓋索也顯得失魂落魄，首輪對上黃蜂就沒進入狀況，第二輪面對陣容更強大、經驗更豐富，而且禁區鼎立諾威斯基（Dirk Nowitzki）、錢德勒（Tyson Chandler）和海伍德（Brendan Haywood）的達拉斯小牛，依舊低迷不振，同時也種下湖人日後的敗因。

德克·諾威斯基

NBA史上最偉大的歐陸球員就是諾威斯基。在NBA仍對外籍球員不甚友善與不信任的時代，諾威斯基硬是逆流而上打出了偉大的職業生涯，而且愈挫愈勇。從二〇〇六年奪冠失利，再到奪得MVP該年被勇士老八傳奇無情羞辱後*，他不

---

* 諾威斯基在二〇〇七年榮獲年度MVP後，球隊卻於季後賽第六戰慘遭以第八名擠進季後賽的勇士羞辱25分被淘汰。

僅沒被打倒，還不斷提升自己的主宰力，最終一切在二〇一一年水到渠成、開花結果。

那年諾威斯基上演了可能是史上最強單核超巨的表現！他幾乎在每一個關鍵時刻都扛起了球隊，連續擊倒衛冕軍洛杉磯湖人、竄起成為恐怖強權的奧克拉荷馬雷霆以及最受矚目的邁阿密熱火，這冠軍顯然有著滿滿的含金量。

諾威斯基除了率領達拉斯奪下隊史首座冠軍、連續十二年闖進季後賽之外，生涯寫下 31560 分，成為 NBA 史上少數的30000 分先生。諾威斯基也成了聯盟中少數「一人一城」的傳奇圖騰，在職業運動的商業模式下可說是最忠誠的象徵，其必殺絕技「金雞獨立」的招牌跳投畫面也將永傳於世。

第二輪小牛即以凶猛的外線火力將湖人轟得七零八落。而且若 CP3 可以識破湖人防守陣型的漏洞，為何基德做不到？況且小牛禁區還有個背框進攻大師諾威斯基持續搞破壞與施壓，外圍還有人來瘋的泰瑞（Jason Terry）、昔日國王神射佩賈、小鋼炮巴瑞亞（J. J. Barea），防守端的錢德勒與馬里安（Shawn Marion）也是頂尖好手。

第一戰湖人一度取得雙位數領先，但下半場依舊阻止不了小牛執行擋拆配合，這一直是紫金大軍本季的罩門。領先的分數很快被鯨吞蠶食，柯比在第四節想扮演英雄投進扭轉乾坤的一擊卻失敗，紫金大軍慘遭逆轉。

首戰失利對湖人而言是一道沉重的打擊，因為這是他們這系列戰最接近勝利的一場比賽。接下來三場他們完全抵擋不住

小牛攻勢，每當想追分或拉開差距時，泰瑞、佩賈就會找機會三分連發，巴瑞亞則趁機突破滲透搞破壞，再加上諾威斯基穩如泰山，湖人被打得人仰馬翻。

第四戰則是場殘酷的大屠殺。第二節泰瑞像乘著噴射機在空中不斷丟下三分導彈，短短五分鐘就轟出四顆 3 分，接著佩賈很有默契地接手延續重拳湖人的力道，第二節打完小牛已 63-39 取得絕對領先，更別說這系列戰已是 3-0 一面倒的處境。

湖人就像洩了氣的皮球，外圍無法有效投進，整個系列戰的三分命中率只有 19.7%，禁區的蓋索猶如消失了一般，打得軟弱無力，拜納則是無法控制情緒，第四戰甚至惱羞成怒給巴瑞亞一個拐子被趕出場。柯比在這樣的處境下可說孤立無援，更煎熬的是他也無力扭轉局勢。於是湖人以比起二〇〇八年對塞爾提克冠軍賽 G6 還狼狽的方式結束賽季，挑戰三連霸夢就此破碎，而誰也沒想到這，正是紫金大軍夕陽西下的前兆。

對於這次的失敗，柯比坦然地說：「這個夏天我會好好檢討，更重要的是我會利用暑假期間休養，之後加強苦練，下季必須投入更多精力親身參與練球，帶動團隊上緊發條，鞭策隊友。」

或許柯比還期待球隊能複製二〇〇八年總冠軍的失利，讓心態觸底反彈，重返角逐冠軍的行列。但他完全沒想到湖人隨後彷彿遭受詛咒般，每走一步錯一步，甚至連他也陪葬了進去。

菲爾退休

二〇一二賽季前，菲爾決定退休，由麥克‧布朗（Mike Brown）領軍坐鎮，柯比再一次失去了恩師的帶領。這還不打緊，湖人原本據傳搞定了一筆轟動聯盟的交易，那就是將保羅從紐奧良黃蜂交易過來，讓他與柯比組成夢幻後場。但萬萬沒想到，聯盟竟發出基於「籃球原因」的聲明叫停了這筆交易，湖人不僅沒得到CP3，歐登也傷心欲絕執意離隊，還未開季湖人就失去了歐登與禪師，到了季中連費雪都被送走。

經歷聯盟封館延後開季，柯比充分地休息了一個夏天。但他並沒有閒著，還去向傳奇中鋒歐拉朱旺討教夢幻步法，希望能在新賽季展現更具威力的低位進攻。其實，柯比也深知自己逐漸老化，打法無法再像以前那樣奔放，必須擁有更多十拿九穩的殺招才行。因此，透過招牌背框後仰延伸其他攻勢成為他的新套路，這風格很像第二次三連霸的麥可‧喬丹。

二〇一二賽季，柯比雖然重新露出黑曼巴的獠牙，開啟球迷熟悉的飆分秀，但這對團隊而言絕非好事。顯然布朗在進攻涵養上有所不足，湖人已無前幾季那般行雲流水的攻勢，更多得依賴柯比側翼的單打或是雙塔強攻，球隊戰績雖不算差，卻也沒打出理想的成績。團隊間隱含著對布朗的不滿與質疑，外界也一致認為這位新任教練失去更衣室的控制權。

球隊在戰術與調度上不斷變動，有時要柯比或蓋索犧牲，創造機會給隊友，然而被提升戰術地位的拜納卻走向失控，甚

至因此罰坐冷板凳。湖人內部逐漸失去向心力的情況下，整季打完41勝25敗，僅位居西區第三。柯比場均27.9分，雖寫下近四年新高，效率卻也是近期最低，他打得並不開心，整個過程也不輕鬆。

季後賽第一輪對上才重建陣容、毫無巨星坐鎮的丹佛金塊，照理說經驗滿滿的湖人應該要輕鬆過關，沒想到糾纏到第七場才分出勝負。這結果讓湖人高層相當不滿，魔術強森甚至在媒體前表示失望，直指布朗的烏紗帽顯然不保。

柯比這系列戰平均29.1分4.6籃板5助攻，可說已打出了他該有的基本盤，但湖人並未因此打出優勢，隊友不夠穩定的表現讓球隊競爭力劇烈起伏，還差點被年輕有力的金塊給衝垮。

對上金塊都打得如此吃力，第二輪遇到兩年前帶來大海嘯的奧克拉荷馬雷霆，結果似乎也不意外了。湖人被4-1慘遭淘汰，連續兩年止於第二輪，而且兩個系列戰都算是落後很多，悲情收場。

只不過與雷霆的對決過程並非一面倒，湖人在第二戰與第四戰合計只輸5分，其實都有拿下勝利的可能性，但老練的他們卻在關鍵時刻自亂陣腳而喪失先機，實在怨不得人。

儘管柯比試圖在系列戰開啟進攻模式，企圖力挽狂瀾，並在後面三場分別轟出36、38與42分，展現凶猛的火力帶動氣勢，但光靠他一個人是沒用的。蓋索失去戰術地位後影響力大幅下滑，拜納只能做單點強攻，雙塔可說毫無連線可言，加上湖人外圍三分失準，很難打出太多風生水起的攻勢。

相較之下，雷霆的杜蘭特與衛斯特布魯克（Russell Westbrook）讓湖人防線猶如形同虛設。改名為「世界和平」（Metta World Peace）的阿泰斯特已無法再像兩年前鎖死杜蘭特，湖人後場更沒人攔得住衛斯特布魯克暴力式的鋼砲球風，而第六人哈登（James Harden）又具有短時間內爆炸性的得分能力。柯比顯然獨木難撐大局，無力回天，只好再次提早放暑假，離拿下生涯第六座冠軍的目標似乎愈來愈渺茫。

系列戰結束後，柯比再次一肩擔起球隊的失敗，認為自己並未讓球隊打出該有的攻防競爭力。但他同時也表示不滿球隊的操作，放走歐登、費雪都令他相當挫折。湖人的未來有如烏雲罩頂，看似有奪冠的競爭力，但球隊內部問題叢生，包括老化問題、雙塔效應失能、外線火力不夠精良等。

「我不知道接下來球團會如何修補陣容，但我會將專注力投入倫敦奧運，在那裡將我的狀態調整到最好。」Kobe 說道。他盼望能像上屆奧運後，球隊無論在內部調整或關鍵交易上，都能再次找出朝冠軍邁進的方向。

最後一次打奧運

這一屆倫敦奧運，柯比依舊扮演著防守至上的精神領袖，隊上擁有那麼多出色的得分手，他無須靠進攻幫助球隊，更多是拚防守、爭取攻防轉換的機會，看著年輕球員打出精采的表現。相較於當年北京奧運，他更像一名導師。

其中「melo」安東尼在一場對上突尼西亞的比賽中，上場

短短14分29秒即狂飆37分，全場展現讓人瞠目結舌、三分球12投10中的驚人演出，不僅創下美國奧運史上單場最高分，三分進球數也同樣豎起紀錄高牆。這一切都讓一旁的柯比同感喜悅，享受大勝對手的一刻。

在前面的小組賽，柯比都將刀鞘扣得緊緊的，到了一場定勝負的殘酷淘汰賽制，身為黑曼巴的他可不能置身事外。美國隊在四分之一決賽面對澳洲隊時遭受頑強抵抗，澳洲隊不像先前的對手那樣提早繳械投降，反而展現死纏爛打的本事，在第三節拉出一波11-0攻勢，追到僅僅落後美國隊3分差距，場邊球迷的情緒紛紛高漲，難道澳洲袋鼠有機會打倒美帝？

當此關鍵時刻，柯比的利刃出鞘了。他將刀鋒對準澳洲猛砍，第四節中段化身嗜血黑曼巴在短短一分多鐘砍進四顆三分，瞬間拉開戰局，很快比賽就進入毫無懸念的局勢，柯比再次在球隊需要他的時候發揮英雄本色。

比賽結束後，奧委會通知柯比必須接受尿檢，語畢引起美國隊哄堂大笑。隊友都很清楚柯比的實力，前面小組賽他保持在進攻欲望較低的韜光養晦狀態，而這場爆炸性的得分能力只是他的正常發揮，誤以為他吃禁藥的奧委會可說鬧了場笑話。

半準決賽對上強敵阿根廷，柯比再次揮刀斬敵。比賽才開賽4分鐘，柯比就已經拿下11分，幫助美國打出18-6的好開局，雖然阿根廷在「馬紐」吉諾比利的帶領下打出反撲攻勢，最終美國隊還是穩穩拿下比賽，以109-83解決這雅典奧運的宿敵。

繼上屆北京奧運後，美國隊再次與蓋索率領的西班牙狹路相逢。西班牙戰艦果然是最後的魔王級對手，打完三節只以82-83落後美國隊1分，鹿死誰手還很難說，美國隊頓時感到極大的壓力。

　　但杜蘭特在這晚繳出30分9籃板的表現，持續在美國隊需要得分時灌注火力；柯比在這場關鍵戰役也進帳17分，而且第四節存在感十足，先是一個地板球妙傳給詹姆士輕鬆拿分，接著製造三分犯規上罰球線，隨後搶下進攻籃板打板命中。

　　西班牙逐漸抵擋不住美國隊凶猛的攻勢，剩下1分多鐘總算分出勝負。柯比被換下場時馬上與K教練激動地相擁，因為在這場金牌戰賽前，柯比已經告知這將是他最後一次代表國家出征，要將機會留給其他人，因此國家能再次奪金對他而言可說意義非凡。

　　柯比公開表示：「拿到奧運金牌於我是意義非凡的！有些運動員能夠完成自己的夢想，有些人則功虧一簣，這就是奧運真正的魅力所在。我相信二〇一六年的里約奧運會持續點燃熱潮，而我所謂的魅力，正是運動員所展現的決心、意志、努力與犧牲。我向所有運動員致上敬意，而這也是我最後一次參加奧運，我享受其中，黑曼巴正式離開奧運舞臺。Mamba Out。」

　　倫敦奧運能夠再次奪金，就像將他這兩年的陰霾一掃而空，他回美國後也繼續將他口中的決心、意志、努力與犧牲帶

回湖人隊，以身作則為第六冠拚搏。柯比深知他的職業生涯來到了黃昏，必須緊緊抓住所剩不長的巔峰尾巴。

　　然而，柯比絕對沒想到，二〇一三年竟然成為他生涯中最令人動容卻也最心碎的一個賽季。

Lesson 22
堅韌成就打不倒的你

「這是我看過最勇敢的時刻，他完全將自己奉獻給球隊。」湖人的訓練師蓋瑞‧維蒂談到柯比時這麼說。

二〇一三年四月十二日，柯比讓全世界的球迷見證到何謂堅毅戰魂，何為鋼鐵意志。當他拖著阿基里斯腱斷裂的左腳一跛一跛走上罰球線，並且堅忍不拔地罰進兩球時，我想天地也為之動容，這是最讓人悸動的曼巴時刻。

二〇一二年的夏天，沒有人料想到會發展成如此令人痛徹心扉的局面。當洛杉磯湖人總管庫普恰克宣布從太陽得到奈許，並在一個月後從魔術亂軍中得到「魔獸」霍華德時，整個聯盟掀起猛烈的震盪。湖人此次推出的重量級巨星組合，震撼力僅次於二〇〇四年的「F4」。

　　當所有人認為湖人將重返榮耀、建立紫金王朝的新盛世，柯比也終於可以稍微放鬆下來，不需再一肩扛起勝敗、摧殘職業生涯里程數，這般眾所期盼的夢幻球季，卻成了一場噩夢的開端。

　　即便熱身賽一勝難求，所有人仍未預警到湖人的團隊融合度會如此相左；更難想像的是，傷病亂流始終折磨整支球隊不肯罷手，這都為柯比對球隊的犧牲埋下了伏筆。

　　一開季，奈許與霍華德就深受舊傷困擾，季前並未參與太多球隊的春訓，以至於球隊始終難以建立一致的默契。此外，球隊也無法熟悉、適應艾迪・喬丹（Eddie Jordan）的「普林斯頓進攻」。更糟的是，總教練布朗單調的進攻策略引起許多球員不滿，主帥與旗下球員的信任漸趨瓦解。

　　最終布朗在開季沒多久就遭到湖人高層開除，這時所有人期盼菲爾能夠上演一齣鳳還巢，像過去一樣帶領眾星雲集的湖人隊重返巔峰。

　　當吉姆・巴斯傳出與菲爾會面時，所有洛杉磯湖人球迷欣喜若狂，認為夢想可望就此實現，球迷也不約而同一齊高

喊「We Want Phil」。可是沒想到湖人的選擇並非眾所期盼的「禪師」，而是進攻大師麥克‧狄安東尼。

　　幕後決策變化的主因很難不歸咎於湖人球團內部高層的權力鬥爭。畢竟吉姆‧巴斯始終戒慎於菲爾在湖人舉足輕重的影響力，也因此最後決定收手，留下一臉錯愕的禪師。

　　儘管擅長「早攻戰術」（Early Offense）的狄安東尼，當時可能不是湖人最佳首選，卻是柯比與奈許都不會有異議的選擇。柯比從小在歐洲長大，深受球員時代的狄安東尼深深吸引，當時他堪稱一九八〇年代歐洲聯盟最佳控衛，柯比對於他在義大利打下的豐功偉業敬佩不已；加上奧運時期狄安東尼與柯比及眾球星相處和睦，因此一直名列於湖人高層的口袋名單。

　　對於奈許就更不用說，狄安東尼就像他生命中的貴人，當年太陽隊兩人如魚得水的合作，建構出鳳凰城近代最偉大的盛世，這似乎也驗證了狄安東尼應是菲爾之外的最佳人選。但現實總不如紙上談兵那樣美好，湖人依舊無法打通任督二脈，猶如困獸般始終在淺灘上掙扎。

　　而狄安東尼的運氣實在不佳，接掌兵符以來，熟悉的王牌奈許一直克服不了傷勢，板凳首選控衛布雷克也同樣因傷不克上陣，這使得他招牌的「跑轟戰術」缺乏最重要的領航者；至於在運用霍華德與蓋索這對雙塔的戰力上，過往不善於傳統陣地戰的狄安東尼遲遲找不到方針。

　　事實上「跑轟戰術」並非很快能一點就通。過去安東尼

（Carmelo Anthony）在尼克就無法有效執行，加上球隊沒有穩健的三分射手，主力球員年紀也偏大無法不停跑位，種種因素都讓湖人並未因為換了教練就此翻身、終結開季一蹶不振的局面，反而掀起了另一場茶壺裡的風暴。

隨著戰績毫無起色，內部不斷累積的壓力也動搖了團隊的和諧。首先蓋索表達對於自己場上定位的不滿，再來是霍華德與柯比之間的矛盾，在這五光十色映照滿滿鎂光燈的洛杉磯，任何事都會被媒體以放大鏡來看待，更別說湖人每一晚的表現與談話都像八點檔一樣高潮迭起。即便球隊處境嚴峻，外界紛傳湖人已無進季後賽的希望，然而，柯比不打算放棄，他決定率先衝鋒，帶頭點燃湖人逆襲之火。

柯比曾說道：「我的人生態度就是不斷追求勝利，這是絕對沒有什麼好質疑的問題，不管情況多惡劣我都絕不會放棄。」

眼看球隊士氣逐漸潰散，球隊又找不出方針統籌戰力，柯比決心投入自身拚勁放手一搏。縱使他面臨背部痙攣或患上流感等身體狀況，都無法阻止他上場奮戰的決心。他寧死也不願意領免戰牌，一次又一次展現驚人的求勝態度面向比賽，這也讓狄安東尼在一場賽事後欽佩地讚嘆：「在全隊士氣低迷的情況下，只有柯比不一樣，他真是個不可思議的球員。」

整個十二月，球隊缺少蓋索與奈許之際，柯比一肩扛下勝敗，其中更連續十場比賽得分至少30＋，在他已高齡三十四歲的年紀實屬不易。柯比猶如違反地心引力般，持續尋找突破

自我的機會。原本外界皆看衰他在本季將走下坡，他卻以實際行動證明自己的不平凡，展現超乎常人的表現。連金塊教練卡爾（George Karl）也不得不說：「這傢伙看起來愈來愈年輕了，反而不是走下坡，真是個不可思議的球員。」

本賽季柯比也不斷寫下歷史的新頁，先是達到30000分的大關壯舉＊，隨後又超越羅伯森（Oscar Robertson）成為聖誕節的得分之王＊＊；湖人也在他的表現下拿到該季首次五連勝佳績，再次將勝率拉升至五成的水準；而隨著奈許復出，眼看曙光即將到來。殘酷的是，湖人的希望很快落空了。

大老闆巴斯過世

來到二〇一三新的一年，湖人再度陷入一勝難求的低迷處境，隨即更苦嘗本季最長的六連敗，整個一月前十二場比賽僅打出2勝10敗的差勁成績，原先有望角逐的季後賽機會又一次石沉大海。不僅球員心態沉淪，團隊氣氛也跌入谷底，連湖人傳奇名宿渥錫（James Worthy）也忍不住沉重地開砲：「這支球隊正在走向災難，他們已經死了，他們的靈魂已死。」

＊ 在NBA七十五年歷史中只有七個人生涯得分超過30000分。其中柯比在二〇一二年十二月五日對戰黃蜂的比賽中，以1180場、出手23063次得到職業生涯的第30000分（切入拋投）；當時也創下最年輕拿到30000分紀錄。
＊＊ 柯比在職業生涯出戰十六場聖誕大戰，總計砍下395分，超越「大O」羅伯森的377分登頂聖誕節得分王。後由湖人球星詹姆士（LeBron James）於二〇二一年以422分超越。

此時，柯比忍無可忍開了一場球隊內部會議，直言為了球隊勝利願意放下自己的身段，也因此他不能接受任何一名隊友放棄比賽，無論成敗，他希望所有隊友共同拚戰到最後一刻，保持同舟共濟的覺悟面對這艱困的時刻。柯比表示：「只要能夠贏球，球隊能進入正軌，任何方法我都願意去試。我相信我們能扭轉劣勢。」

　　柯比沒有食言，為了止敗，他改變打法，彷彿成了場上的魔術師組織起球隊的攻勢。他收起強烈的進攻欲望，連續三場比賽傳出14、14、11次的高助攻數，不僅中止球隊四連敗，更率領湖人拿下重拾信心的三連勝。

　　從此刻開始，湖人內部起了化學變化，球員們慢慢地展現競爭力，也愈來愈像一支團隊。而改變這一切的或許可稱做「柯比體系」，因為連狄安東尼也表示，球隊目前在場上沒有戰術，他說：「我們沒有一套戰術，我們就是在打籃球，戰術是將球傳起來，並且打出堅實的防守。我想這絕非難事，因為柯比正帶領著我們。」

　　原以為一切就要步入軌道，一件讓洛杉磯湖人上下遺憾的事情發生了：大老闆傑瑞・巴斯以八十歲高齡離開人世。巴斯是一手打造湖人王朝的幕後推手，也是柯比一直以來相當感佩的長者，若不是巴斯的慧眼，或許柯比不會擁有如此璀璨的成就，也不會成為湖人隊史上最偉大傳奇之一。談及巴斯，柯比眼眶泛紅地說道：「我曾對巴斯說，我想再拿一座冠軍追平波

士頓。這是他內心的願望，而這件事驅使著我，這也是我一直以來努力拚搏的理由。」

可惜隨著巴斯過世，這位傳奇總裁再也等不到柯比為他完成夢想。然而，柯比並不打算放棄，反而愈發積極朝目標邁進，獻給在天之靈的巴斯。只不過諷刺的是，本季湖人卻狀況百出，勝率掉至五成以下，連能否進季後賽都成問題。對此柯比受訪時卻信心滿滿地表示：「我們肯定會進季後賽，一旦我們進了季後賽，我們將不畏懼任何人。巴斯的去世激勵著我，這是我要完成的信念。」

憑著柯比這番霸氣宣誓，湖人全隊宛如上緊發條般為了前進季後賽全力以赴，而這更是為了巴斯而戰，整支球隊高昂的士氣不可同日而語。而柯比也絕非空談，隨後再次證明自己仍是當今聯盟關鍵時刻最恐怖的殺手，也是最凶殘飢渴的黑曼巴。

三月六日與三月八日兩場比賽中，柯比連續繳出得分40＋、助攻12＋的瘋狂數據，這也是湖人近代唯一一位達到如此表現的球員，而前一位擁有這般水準的聯盟球員就是喬丹。柯比還因此替自己取了一個新綽號「VINO」＊。

葡萄酒愈久愈醇、愈放愈香，而柯比隨著年紀漸長，也愈教人敬佩他內心無窮的鬥志，以及那驚人的自我要求。他眼下

＊ 柯比從小在義大利長大，而在義大利語Vino是酒的意思，隊友為他取這個綽號的意思是：柯比像美酒一樣愈陳愈香。

一切的成就絕非得自僥倖，柯比也不斷激勵自己：「幾年前我就進了棺材不是嗎？那些媒體不就是這麼形容我的嗎？我仍然充滿能量，若你們還想批評我，繼續說我不行了，悉聽尊便。」

「燃燒自我」，這正是柯比當時的寫照，他強勢地帶領湖人在近22場比賽贏下16場，並且跌破許多人眼鏡搶下西區第八位置。即使對上老鷹時疑似被瓊斯（Dahntay Jones）暗腳而扭傷腳踝，但柯比展現瘋狂的意志，兩天後與溜馬隊比賽時仍披掛上陣。儘管之後他仍進廠維修，但如此堅忍不拔的精神與那深不見底的鬥志逐漸感染全隊，每個人彷彿就此凝聚起來，渴望求勝。

然而休息不到一個禮拜，柯比就按捺不住重返球場。一股鍥而不捨的鬥志驅使他，那份要完成巴斯心願的熱血在他內心澎湃，與此同時，全身大小傷勢仍困擾著他，他那雙腿甚至每晚不冰敷就無法行走。儘管柯比的身體愈見疲憊，場上的拚搏鬥志卻愈燒愈旺，四月他平均上場時間來到全聯盟最高的45.2分鐘，總計繳出平均30.5分7籃板7.5助攻2.2抄截1.2阻攻。

四月九日對上黃蜂，他上半場僅得4分，但關鍵時刻仍挺身而出，因為他知道球隊已經沒有輸球的本錢；來到第四節他像隻解開封印的野獸般嗜血，整個第四節一柱擎天個人狂飆23分，黃蜂全隊也才26分而已。這瘋狂的一晚讓ESPN專欄作家帕爾默（Chris Palmer）敬佩地說：「柯比第四節就轟炸23分，比今晚出場比賽的一百九十五名球員全場得分還高，而他

可是快三十五歲了。」

　　只是賽後柯比顯然疲倦不已，整場比賽他出賽多達41分鐘，而他也承認自己的確累壞了。他原以為今年應該將是他更輕鬆的一年，結果截然相反。眼看未來情勢並不明朗，柯比依舊很想進季後賽，他說：「我想進入季後賽，我想關掉一切重新開始。你們應該都知道每當遊戲打得很爛，就會想按『重新開始』的按鈕。所以我想進入季後賽，然後在那時按下重啟的按鈕重新來過。」

　　隔天面對拓荒者，柯比又一次震撼世人，他彷彿玩命般瘋狂打滿整場48分鐘，無人能擋繳出47分8籃板5助攻3抄截4阻攻，這般全面的數據也來到聯盟第一。

　　47分的優異表現也讓他成為玫瑰園球場（Rose Garden Arena，後改名為摩達中心）所有不速之客中得分最高的殺手。他在場上完全沒有休息，他的雙眼熊熊燃燒著奪勝烈火，如此敬業的態度與精神甚至感染了拓荒者的球迷，即便是這座兩隊曾經激烈對峙的城市，對手球迷也拋下恩怨為這位偉大的宿敵高喊：「MVP！MVP！MVP！」

　　賽後柯比對於自己能在玫瑰園球場享受這般非凡的待遇略感吃驚，畢竟在歐布時代，湖人和拓荒者結下了不小的梁子，他因此感性地說：「我真的很意外，特別是在這座球館。我們歷經許多恩怨，球迷還願意這樣鼓勵我，我真的非常感謝，尤其是在我職業生涯來到這個階段。」

阿基里斯腱斷裂

　　柯比的精神意志固然已超乎常人到達非凡的境界，只是肉體的負荷顯然被逼到極限，他幾乎就要將自己燃燒殆盡，這也導致他職業生涯一件讓他至為心碎的意外。

　　四月十二日對上勇士的比賽，柯比雖多次摔倒在地依舊毅然爬起。但英雄也有倒下的時候，面對巴恩斯（Harrison Barnes）施展過人切入的動作，他那對運動員而言最重要的阿基里斯腱就此殘酷斷裂，柯比像斷了線的風箏倒地。

　　倒地的一瞬間，柯比回憶起當時，他馬上抬頭問防守他的巴恩斯是否踢到他，若是踢到他引發疼痛或麻痺就還好，可惜得到的答案是否定的。柯比當下簡直心碎了，他說：「我做了一個動作，那動作我做過一百萬次了，然後我彷彿聽到跟腱『啪』的一聲。我知道我心碎了，我嘗試使力，但我做不到，太悲哀了。」

　　然而，這也誕生了最感動人心的一刻。即便阿基里斯腱斷裂，柯比還是忍耐劇烈的疼痛一步一步緩緩走上罰球線，堅毅地罰進兩顆球幫助球隊追平勇士，然後流露出堅忍的態度一步一步走回休息室。近代相當少見懷抱著這般奮戰精神的球員，而柯比的精神也讓所有球迷為之悸動不已，對此蓋索更是含著淚水表示：「他不該遭受這樣的結局，這對大家來說都很難過，尤其是我們這些愛戴他、尊敬他的人。」

　　柯比坐在休息室受訪時雙眼通紅，眼泛淚光。像他如此堅強的人肯定極少流下眼淚，就算有也絕對是不甘心的眼淚。而

面對這幾乎足以毀掉運動員生涯的傷勢「阿基里斯腱斷裂」，對他的運動生涯可說是一大打擊。

這是柯比生涯最失落的一年，卻也可能是他最撼動人心的一年。一個一直以來站在聯盟頂點、曾經如此傲氣的天之驕子，如今隨著年紀增長變得愈發成熟，即使球隊的發展教人失望，他仍走在鋼索上掙扎前行。他從來沒有過多抱怨，而是默默地拚搏引領球隊。

柯比也的確透過這樣的努力將球隊拉拔起來，完成當初許下打進季後賽的承諾。只是很遺憾地他犧牲了自己。尤其他本季打出如此頂尖的成績，平均得分27.3分5.6籃板6.0助攻1.4抄截，命中率更繳出46.3%的高水準，卻以這樣的結局收場，教人唏噓不已。

或許如今的柯比已不再是聯盟第一的指標性人物，但能在三十四歲仍打出此等成績的球員，可說寥寥無幾，無非只剩喬丹、馬龍等怪物才辦得到（現役球員中則有詹姆士）。

柯比也證明了自己的確是一頭瘋狂冷血的黑曼巴，即便到生涯末期依舊與聯盟新生代平起平坐，而他最讓人敬佩的不只是球技，還有他那堅持不懈、永不放棄的態度。

遭受阿基里斯腱斷裂的嚴重打擊，許多人肯定會變得意志消沉，而身體狀況對心理的影響遠遠超過實際傷勢。曾是喬丹的御用訓練師格羅弗（Tim Grover）就說：「許多運動員遇上阿基里斯腱的傷勢時都會心理崩盤，這才是這種傷影響一名運

動員最大的原因。」但格羅弗接著笑說：「你們知道柯比開刀完後第一天說了什麼嗎？是的，他那天馬上對我說：『時間不多了，開始計畫一下，讓我們一起搞定這挑戰吧。』老天，他的確很瘋狂，但這就是柯比。」

身為一個時代的傳奇圖騰，柯比當之無愧，他最讓人尊敬且欽佩的並非那些滿載的榮耀，也不是場上華麗奪目的球技，而是他面對任何挑戰無懼的態度，以及那股終生奉獻給籃球的熱忱。

當然，正因為他的成功哲學，他才能在職業生涯中締造出許許多多榮耀時刻。他奮勇地跨越每一道阻礙他邁向成功的關卡，而這次也不例外，他抬頭挺胸面對這一切：**「我不會自怨自艾，我會努力尋找黑暗中的曙光。假如你看到我正在和一隻熊搏鬥，那麼請為那隻熊祈禱吧。這就是曼巴精神，我們不放棄、不退縮、不逃跑，我們堅持征服一切。」**

這是柯比進入 NBA、甚至從小就培養出的積極信念，那也是永不服輸、絕不放棄、昂首闊步的人生態度。我想這也是為何柯比能夠成功寫下傳奇、達成夢想的主要原因。從結果來看，這一年或許是個失敗的球季，但是柯比那激勵人心的表現，我們甚至可視為成功者的最佳借鏡、追夢者不可或缺的精神。我們稱之為偉大的「曼巴時刻」。

二〇一三年球季，也是柯比生涯中最令人難以忘懷的賽季，他的瘋狂與堅毅在此發揮到極致。而教人倍感遺憾的是，

他也在此斷送了自己的職業生涯，湖人在他倒下之後很快於季後賽遭到馬刺無情掃蕩。

Lesson 23

Mamba Out！開創第二人生

　　退役之後，柯比監製並投入編劇和敘述的動畫短片《親愛的籃球：柯比給籃球的一封信》（Dear Basketball）光榮拿下奧斯卡最佳動畫短片大獎，也受到動畫領域最高殊榮之一的安妮獎（Annie Awards）肯定，勇奪最佳動畫短片的殊榮。柯比成為歷史上第一位跨界榮獲奧斯卡的 NBA 球員，自此開啟了他在說故事領域的魅力與影響力。如今他開闢新的戰場來挑戰自己。

柯比面臨阿基里斯腱斷裂的衝擊時已快三十五歲，倘若考慮到他過往那些高難度的技術性打法，肯定難以承受如此嚴重的傷勢。無論他內心多堅韌、多不服輸，都難以克服身體已然垮掉的現實，這不僅僅是巔峰已逝，甚而直接摔落谷底。

除了阿基里斯腱斷裂，柯比的傷還包括肩膀撕裂、脛骨骨折，面對接連的傷病折磨，他必須改變打法才能延續生涯。於是他將投籃方式從原本的二拍投籃（Two Motion Shot）改為一拍投籃（One Motion Shot）*，過去仰賴的後仰跳投變得有氣無力，無法再像以前那樣在空中優美如畫地拉弓射籃，只能透過更簡單快速出力的方式投籃。

過去十九年來始終如一的風格，要在短時間內做出改變真的很難，況且柯比不只是一個經歷重傷的NBA老將，還是風靡全球的傳奇球星。出於既有的尊嚴與見解，即使他願意，也絕非三言兩語就能做出改變。

此外，耐戰力也成為柯比另一項嚴峻的考驗。在NBA如此緊湊的賽程裡，疲憊是累加上去的，而舊傷就緩慢地侵蝕身體，直到爆發。不過柯比盡可能不休息太久或輪休，通常還是咬牙忍痛上場。對此他曾表示：「我的身體已經響起了警報，但我會努力撐下去。每一位球迷都是付出自己辛苦賺來的錢進場觀賽，為了他們我不想休息，我要盡可能上場。」這一點是柯比從偶像喬丹學習而來的態度。

---

* 二拍投籃即跳起後手肘往後再將球投出，而一拍投籃即跳起即將球投出。

只是喬丹並未經歷阿基里斯腱斷裂，而柯比秉持原則硬撐，反而愈打得愈吃力，還備受抨擊。外界認為在這樣的情況下，他應該要更信任場上的隊友，降低自己背負的壓力，而非依舊將所有勝敗扛在肩上，承受更大的輿論壓力，而這正是問題所在。

當柯比陷入生涯低谷，隊友中沒有人能夠代替他撐起球隊。霍華德不願續留湖人以致陣容嚴重受創，而遲遲克服不了傷病的奈許宣告退役更是雪上加霜。更糟的是二○一四年夏天連蓋索都走了，湖人在二○一五年與一六年賽季幾乎只有菜鳥搭配一年一簽的傭兵，毫無默契與向心力可言，更別說柯比完全力不從心，三年下來紫金大軍戰績崩盤，都在谷底徘徊。

二○一三年之後，湖人接下來三年期間的戰績分別是27勝、21勝、17勝，昔日的西霸天儼然淪為魚腩球隊＊，成為聯盟各隊開心進補的對手。柯比這三年的表現同樣也慘不忍睹，命中率大幅下滑，一四年只出賽六場不提，二○一五與一六年投籃準度降到只剩36.4%的水平，完全是不及格的成績，這對於自我要求極高、自尊心極強的他來說是多麼煎熬的過程。

正因如此，柯比才下定決心讓二○一六年成為他最後一個賽季。確實是該與他摯愛的籃球告別的時刻了，但在這之前，他還得完成俠客向他發起的挑戰：生涯最後一場比賽得分破50分。

＊指比賽中得分很差、輸多贏少的隊伍。

這原本只是俠客在三月底、也是柯比職業生涯還剩12場比賽時，一次賽後連線訪談的玩笑話。當時主播群包含萊斯莉（Lisa Leslie）、韋伯（Chris Webber）等人都問到，柯比對於結束職業生涯是否感到遺憾，而當俠客發問時，他這麼說道：「你的最後一場比賽肯定很多人會去史泰博為你慶祝。你能答應我一件事嗎？我要你當晚砍50分，你能做到嗎？最後一場。」

柯比聽罷放聲大笑，接著說：「啊，不能，真的不能、真的不能，但我很期待到時在現場看到你，兄弟。」即便柯比當時口頭上說做不到，但好勝如痴的他卻在二〇一六年四月十三日上演一場最偉大的告別秀。

飆分的告別秀

有趣的是，柯比最後一戰的對手是猶他爵士，就是當初在新人年季後賽帶給他震撼教育的球隊。但也因為那時關鍵時刻連續三分球麵包，慘遭爵士迷大加嘲諷，才激勵他生涯第二年大幅進步，往後遇到爵士更是打得格外賣力凶狠。

當晚第一節，柯比的進攻欲望顯得相當強烈，首節就轟下13分，但效率並不好，總計13投僅5中；到了第二節手感更是每況愈下，爵士漸漸拉開比分，半場結束已取得15分領先，眼看柯比的最後一役可能又將慘敗收場。

沒想到下半場易籃後，柯比手感復活，命中率大幅上升，第三節又飆出15分，與年輕小將共同將分差追到只剩個位

數，第三節結束他已拿下37分，距離俠客發起的50分挑戰似乎真的有譜。

柯比就是柯比，第四節他的黑曼巴血液果然沸騰起來。

過去幾年，柯比常在上半場打出好表現後，接下來卻後繼無力。主要在於傷病糾纏導致續航力不足，假使真拚起來很可能傷勢復發，無疑得不償失，以至於他打得更為謹慎被動，好保護自己，也難以放手一搏。

然而，眼下已是他職業生涯倒數12分鐘的比賽，顯然柯比已決定咬緊牙關，要將僅剩的小宇宙燃燒殆盡。那是一股毫不保留，想將自己一切技巧、實力一併綻放出來的意志，就算耗盡體力也要堅持下去。

這不僅是為了回饋給所有支持他的球迷，也是為了在生涯最後一戰，打出他職涯中那異乎尋常的偏執及總是享受挑戰的精神，將曼巴態度貫徹始終，而這場比賽的過程就宛如柯比生涯的縮影。

最後一節柯比狂砍23分，整場累積飆出60分，比起俠客開出的50分還多出10分，讓俠客再次見證當年與他鬥氣、求勝心切的高中小子。更讓人嘖嘖稱奇的是，柯比到最後還率領湖人逆轉比賽，關鍵時刻屢屢投進致命球，也讓史泰博全場球迷看得如痴如醉，度過了不可思議的夜晚。

最後，柯比懷著感恩對球迷說：「我很珍惜我們一起走過的旅程。我們曾有過盛世，卻也曾跌落谷底，而最重要的是，我們一起走過風風雨雨。我從小就是死忠的湖人球迷，最死

忠的那種！對於能夠來到這支球隊，而且在這裡奮戰二十年的我來說，還能再奢求什麼呢？」接著又說：「更讓我感到驕傲的，並不是我們拿到那些冠軍，而是我們戰績低迷的時候，我們沒有逃避，也沒有退縮。

「我從來沒想過今晚會是這樣的結果，最有趣的是，以前別人總是叫我多傳球，但今晚所有人都叫我不要傳。」柯比笑著說：「最後我要感謝支持我的人們，我愛你們，也感謝我的家人，我不能沒有你們的支持。其實再多的感謝都不夠，我還能說什麼呢？ Mamba Out ！」

球場外的曼巴精神

柯比結束了傳奇的籃球生涯，但他依舊保有那總高舉實力大旗，樂於在任何事中找到挑戰與滿足感的性格。他這樣的態度，即使離開了籃球舞臺也不受到撼動。早在退役前的一次受訪中，韋伯就曾問他：「柯比，你詮釋生涯的方式就是向強者看齊，並且超越他們。無論接下來你的下一步會在哪，你能保持這樣的渴望嗎？你能將你對於專業領域的渴望帶到人生的下一個階段嗎？」

對於這個問題，柯比帶著自信回答：「我必須很遺憾地說，是的，我做得到！這就是我天賦的狂熱基因，這種渴望能讓我度過許多難以成眠的夜晚。我是非常期待人生的下一個階段，我也將繼續延續曼巴精神。」

柯比並未食言而肥，儘管他退役後的身材比起球員時期略

顯發福，但他可是一點也沒閒著。一如他當初回應韋伯，他很快在籃球之外的事物投入同樣的努力、同樣的求勝欲、同樣的野心，澈底展現出既然要做、就要做到最好的曼巴精神。

離開籃球圈沒多久，柯比迅速在其他領域發光發熱，讓人們看到他達到的新成就。不同於以往出現在籃球報導中，這次是出現在商業或娛樂類報導中，他依舊是鎂光燈的焦點。

不管待在哪個領域，柯比想「成為最好」的心態從未改變。如同當年喬丹讚嘆年僅十八歲的柯比，就夢想成為聯盟最佳球員，而且是以打倒喬丹為目標前進，甚至為了變得更好，而積極向他請益，滿腦子只想著不斷進步。

儘管，最後柯比並未超越喬丹的六冠，沒能跨越那座難以企及的籃球高牆，但是他創造了屬於自己的時代，建立偉業，成為那個年代廣大球迷信仰的籃球英雄。

其實，早在二〇一四年，柯比就與一些企業家創立投資公司 Kobe Inc.，經營起商業帝國，精準投資，在併購運動品牌之外，還向許多金融界大師學習如何經營一間公司。這就是柯比，總是樂於學習新事物與新知，熱愛向強者學習。

退役之後，柯比監製並投入編劇和敘述的動畫短片《親愛的籃球：柯比給籃球的一封信》（Dear Basketball）光榮拿下奧斯卡最佳動畫短片大獎，也受到動畫領域最高殊榮之一的安妮獎（Annie Awards）肯定，勇奪最佳動畫短片的殊榮。柯比成為歷史上第一位跨界榮獲奧斯卡的 NBA 球員，自此開啟了他在說故事領域的魅力與影響力。如今他開闢新的戰場來挑戰

自己。

　　柯比並不只是 Granity stadio 製片公司的創辦人暨幕後老闆，更是親臨戰場的創作家。他進軍影視與書籍領域，不只是為了賺錢，更著重於影響下一代的孩童，激勵他們要擁有夢想，當個追夢者。就像當初那個在義大利夢想打 NBA 的孩子，不因外界的看法與不利環境而輕易退縮，而是用行動為自己發聲。

　　柯比創作的 Podcast 節目《The Punies》，就是從運動精神出發所創作出的孩童故事，內容涵蓋跨種族文化，並透過這些故事分享的經驗與感受，影響更多孩子成為更好的人。

　　與 ESPN ＋合作的節目《Detail》，雖然受眾不同，本質上卻是一樣的。柯比同樣希望透過說故事來教育新一代籃球員和籃球迷，以不同的視角、深度觀賞球賽，這也能傳授知識給那些懷抱籃球夢的孩子。柯比曾在受訪時表示：「有些事我花了二十年才領悟，而我想讓這些孩子在起飛時就明白，並期許自身能達到什麼樣的境界。」不只是透過媒體平臺傳承經驗，柯比還創立曼巴訓練營親身指導孩童，更是二女兒吉安娜（Gigi，Gianna Bryant）的教練，享受著恩師菲爾當年曾遭遇的各種問題，學習當一個能激發球員與團隊潛力的掌舵者。

　　即使告別了親愛的籃球，柯比依舊是這樣的偏執狂，無論進軍商業界，拿下奧斯卡，甚至當教練，他都戰戰兢兢虛心求教，只為讓自己變得更好，而且絲毫沒有滿足的一刻。

　　套一句柯比的父親喬・布萊恩曾說的話：「我兒子就算沒

走上職業籃球員這條路，我也深信他在其他領域會是一流的人才。他有著強烈的好勝心，更擁有努力不懈的心態支撐著他。」

二十多年前喬這句話，即便形容已卸下籃球員身分的柯比身上依然貼切。正如柯比所說，退役後他也並未鬆懈下來，依舊每天全力衝刺，不因自己的富裕身家而閒散度日。事實上，多數NBA球員退役後沉浸享樂，揮霍度日者大有人在，因此破產的更是不計其數。相形之下，柯比肯定是發展最好的退役球員之一，這無疑是個人特質的展現，而柯比做任何事都想挑戰成為最好。

永不言棄。以行動實踐曼巴精神的他不只是一名籃球員。相反地，他向所有人說著自己的故事，只要懷抱一顆狂熱的心，視任何挑戰為獲取成就、帶來滿足感的過程，那股無窮盡的熱情將讓自己變得更好。

假使每天渾渾噩噩，總為五斗米折腰，未來也會受到侷限，甚至可能永遠無法達到內心的期許或夢想，最終自己也失去了前進的力量。

那一年，柯比以一句「Mamba Out」告別了他的籃球員身分。但他的曼巴精神也永遠留在人們的心底。Mamba Never Out！

Lesson 24

家人是永遠的避風港

　　若說凡妮莎是柯比在球員時期的避風港與精神支柱，那麼退役後的柯比在其他領域打拚時，寶貝女兒就像是驅使他繼續邁向成功的無窮動力。

　　無論是球員生涯或是退役後的新人生，家人對於柯比都有著難以取代的影響力。或許是因為他曾傷害過凡妮莎，以及球員時期瘋狂投入練球，以至於幾乎沒時間陪伴孩子。退役之後他完全以家人為重，珍惜這般美好的陪伴。

二〇二〇年一月二十六日，洛杉磯郊區發生直升機墜機事件。原本可能只是一件引起當地注目的意外事故，但當新聞報導寫到柯比‧布萊恩的名字時，瞬即躍升為國際事件。當時一切消息並不明朗，不知多少球迷惶惶不安，只能不斷祈禱這位曼巴英雄以及他心愛的女兒都不在直升機上。

　　但結果令人悲痛。柯比確定在這場事故中過世，連繼承了他曼巴籃球基因的吉安娜也同時罹難，對於廣大的球迷來說只能以悲痛欲絕來形容。

　　柯比的意外離世，比起他的偶像麥可‧傑克森的離去還教人震驚。畢竟麥可是在睡夢中逝世，而柯比和最像他的女兒吉安娜卻是承受著驚恐墜機，最終永遠離開深愛的家人，可以想見所有人聽聞後內心的沉重與不捨。

　　柯比一生幾乎奉獻給了籃球。他從兩歲就接觸籃球，高中畢業後就進入NBA奮戰二十年，職業生涯就占據他一半的人生。連離開人世的原因也和籃球有關。報導指出，柯比搭私人直升機就是要帶女兒吉安娜參加籃球比賽。柯比相當驚喜於二女兒對籃球的熱愛，因此，這些年來都熱衷參與女兒的籃球成長歷程。

　　只不過洛杉磯交通壅塞，柯比常為了省時間搭直升機穿梭在加州各個籃球場。假使柯比沒有那麼熱愛籃球，是否就能避開這場墜機死劫？儘管我們永遠得不到答案，但唯一能確定的是，若柯比不愛籃球，那就不會是我們所熟悉且喜愛的柯比‧

布萊恩。而看著女兒和自己一樣熱愛籃球，相信他無論如何都會陪伴在家人的身邊。

一直以來，「家人」在柯比心中擁有極大的分量與影響力。

包括父親喬、母親帕梅拉，姊姊夏莉雅和夏雅，都對他在籃球上的起步與築夢給予極大的幫助。當外界都不相信這個毛頭小子可以挑戰NBA時，他的家人仍無條件地支持他，提供他各種資源與建議。

除此之外，持續錄製NBA影片寄給遠在義大利的孫子的祖父母，以及外祖父約翰（John Cox）、曾打進NBA的舅舅查比（Chubby Cox）與表哥約翰（John Cox IV），也都在他一路成為超級球星的過程中給予幫助。

儘管柯比和凡妮莎（Vanessa Bryant）結婚的決定引起家人間不愉快，但日後證明凡妮莎的確是柯比人生中不可或缺的精神支柱，兩人共築的家庭更是他最佳的避風港，而這一切都始於一九九九年兩人的相遇。

「我喜歡上那個高中拉丁女孩，我想我一見鍾情了。」柯比回憶初識凡妮莎時如此說道。

一九九九年，柯比還不是超級巨星，但已被外界公認為下一個世代的天之驕子，前途一片看好，身價也水漲船高，想要與他攀關係的女孩不計其數。每當比賽結束，許多女孩都會湧上來遞電話和地址給這剛滿二十歲的小伙子。

不過，柯比的父親喬會率先擋下這些外界的雜音，設下保護傘，只為了不讓兒子像一些NBA球員那樣耽溺在花花世界裡。這看在不少湖人球員眼裡，都認為根本多此一舉，老將福克斯（Rick Fox）就曾說：「這小鬼眼裡只有籃球，連我們約他去玩樂，他都寧願待在球場上練球。」

剛進聯盟時，柯比曾與女歌手布蘭蒂（Brandy Norwood）短暫交往，之後感情一直處在空窗期。直到一九九九年夏天，他抽空前往錄製Rap音樂錄影帶時，遇上了正在幫史努比狗狗（Snoop Dogg）拍攝MV的拉丁裔高中女孩凡妮莎，根據柯比友人表示，當時他就像時間暫停般注視著對方，而那名高中女孩也是如此，緣分如此奇妙地讓凡妮莎走入柯比的世界裡。

隨後柯比熱烈追求凡妮莎，還去她的學校接她下課，積極博得美人心。但他的高調也讓那所高中成為媒體焦點，不時還有媒體闖入學校，就為了拍到柯比與凡妮莎的約會畫面，兩人的感情被媒體炒得愈來愈熱。

看在柯比的父母眼裡，凡妮莎不過是個再平凡不過的高中女孩，還住在貧民窟裡，完全門不當戶不對，因此極力反對這段感情；他們認為凡妮莎只是看中了兒子的金錢，也深怕她影響他剛起步的職業生涯。當時連菲爾都對這段感情投下了反對票。

然而，柯比就是個偏執狂，一旦他想要、並且認為是對的事，就會義無反顧勇往直前。二○○一年他不顧眾人反對，毅然決定與凡妮莎結婚，並與父母漸漸疏遠，當時輿論就認為這

將衝擊柯比的職業生涯：與這名高中女孩交往甚至結婚，都是大錯特錯的決定。

後來證明這樣的想法才是大錯特錯。

凡妮莎成為柯比人生中的最佳避風港，而很快地柯比也迎來了職業生涯中的冠軍三連霸，踏上聯盟最高點。但好景不常，二〇〇三年鷹郡事件重創了柯比形象，然而當時凡妮莎選擇勇敢站出來支持先生，這也是激勵柯比重返巔峰的關鍵力量。假使她當初選擇與柯比離婚、拿走他一半的財產，即便堅毅如小飛俠的他，仍可能就此折翼，一蹶不振。

但隨著柯比長年南征北討，兩人聚少離多，加上種種原因導致彼此感情的裂痕，即使共同擁有兩個愛女，他們還是走上離婚一途。

二〇一一年凡妮莎遞交離婚申請書。對於無力挽回愛妻，柯比相隔六天後也決定尊重她的選擇簽上名字，並支付龐大的財產。柯比當時僅公開聲明：「為了我們年幼的孩子和即將到來的聖誕節，在我們兩人最艱難的時刻裡，懇請外界尊重我們的隱私。」

離婚並沒有讓兩人從此不相往來。而無論法院判決為何，柯比都沒有怨言，連自己在洛杉磯的三間豪宅也無條件過戶給凡妮莎，慷慨的程度讓媒體大感意外，但柯比只說：「雖然我們離婚了，但我還是愛著她。現在我們依然是好朋友。」

一如柯比所言，即便分居，凡妮莎還是不時帶著女兒們去

史泰博球場為湖人加油吶喊。而每當柯比面臨低潮時，凡妮莎依舊是他最佳的傾聽者。

　　或許共同經歷太多風風雨雨，失去父母的祝福、鷹郡事件、八卦媒體炒作外遇等等，但也同樣擁有許多幸福的記憶：那一見鍾情的相遇以及從谷底攀上巔峰過程中的互相扶持，最重要的是兩個小公主的誕生。

　　二〇一三年一月十二日，柯比與凡妮莎無預警地在社交媒體宣布復合，凡妮莎也在自己的 IG 上表示：「我要開心地向大家宣布我們復合了！離婚申訴將被撤銷，我們對未來充滿了期待。」

　　緣分往往就是這麼奇妙，當凡妮莎執意離婚時，無論柯比如何苦苦哀求都無法維繫婚姻。然而等他放下一切，愛情卻意外回來了。

　　凡妮莎最終並非如當初外界所言，是即將毀掉柯比職涯的孽緣，反而是讓他日後面對比賽心無旁鶩、同時保持無比自信、浴火重生的關鍵。有時候，她甚至比他還堅強。當柯比遭逢阿基里斯腱斷裂的打擊時，就是凡妮莎不斷從旁鼓勵打氣。

　　二〇一六年，凡妮莎陪伴柯比走完他偉大的籃球之路。她在柯比的最後一場比賽裡，見證他完成那近乎不可能的任務，瘋狂轟進60分。就算這可能稱不上是柯比心中完美的告別，但也絕對是不完美中最好的結局。

　　比賽過程中，看得出柯比非常享受在最後一刻為妻女打出

好表現，而最後他也如願以償地締造歷史，並在賽後與摯愛的家人拍下紀念性的合照，結束籃球員生涯。

若說凡妮莎是柯比在球員時期的避風港與精神支柱，那麼柯比退役後負起好丈夫、好爸爸的責任，不再隨隊南征北討時，他的寶貝女兒則代替宛如女王般的母親扮演起令人憐愛的小公主角色。每當柯比在其他領域積極打拼時，寶貝女兒就像是驅使他繼續邁向成功的無窮動力。

有女兒陪伴的天倫之樂，這是柯比退役後最重要的能量泉源。而且隨著大女兒納塔莉亞（Natalia）與二女兒吉安娜出落得亭亭玉立，準備踏上追逐夢想的道路時，柯比也更加投入他向下一代傳承運動精神的事業，因為他希望這能同時激勵自己的孩子。

在這當中，吉安娜萌生對籃球的熱愛，而且愈來愈炙熱。她還是孩子時，就經常與母親和姊姊納塔莉亞在現場觀看湖人比賽，坐在場邊替父親加油；當二〇〇九年與一〇年柯比完成二連霸時，兩個女孩也成為焦點人物，在記者會上大出鋒頭。

等柯比退役之後，吉安娜對於籃球的熱愛已不再只是停留於觀看父親的比賽，她就像小時候的柯比那樣痴迷於打球，不斷提升自己的球技並參加許多對抗賽。吉安娜的轉變連柯比都大吃一驚，並說：「我從來沒有強迫孩子一定要和我一樣成為籃球員，她們應該要有自己的夢。但當我看到Gigi抱著強烈的信念要打籃球時，我的確很開心。」柯比立時化身為二女兒吉安娜的專屬教練，或該是籃球師父，致力將女兒帶上女籃球員

的最高殿堂；WNBA的舞臺！

在過去，柯比和凡妮莎是否會生個兒子傳承柯比的籃球傳奇，可說是球迷茶餘飯後的話題之一。其實柯比也曾對此有所期待，但隨著碧安卡（Bianka）和卡布莉（Capri）誕生，他身邊環繞起四位小公主後，柯比就再也沒想起這件事了。

如今吉安娜願意繼承衣缽，彷彿讓這個問題得到了解答，柯比笑著說：「當我們一起出門時，Gigi會站在我身旁，當粉絲上前問我和凡妮莎要不要生個男孩來繼承我的球技時，這時Gigi會說：『嘿，我可以做到這些！用不著再生個男孩，我可以做得到！』」

為了支持女兒的夢想，柯比又開始看NBA。他曾在《All the Smoke》的節目上表示：「我退役後就不再看比賽了，但是Gigi對籃球的喜愛讓我重拾看比賽的熱情。」這對父女就這樣一頭栽進了籃球，甚至描繪好未來的藍圖。

而吉安娜也和父親一樣極有主見。當傳奇球星「關鍵先生」米勒推薦柯比送女兒進其母校，即當地籃球名校加州大學洛杉磯分校（UCLA）時，柯比表示Gigi已經心儀康乃狄克大學（UConn，另一名神射「Ray Gun」雷・艾倫的母校）很久了，因為她想追隨偶像洛博（Rebecca Lobo）的腳步。種種跡象顯示，沒過幾年很可能就有一名曼巴傳人於女子籃壇掀起風暴。

知名的NBA作家史畢爾斯（Marc J. Spears）曾經詢問柯比是否仍關注湖人？柯比誠實地答道：「我沒有太多時間。我從零建立起整個工作室，還成立了出版公司，我要取得授權來建立動畫製作公司，我還得寫書，以及每天最重要的，我要陪伴我的妻子與女兒，我沒有時間，真的一點時間都沒有。」

　　柯比對家人的愛也是如此執著。一切以家人為出發點，直到人生最後他也陪伴著女兒吉安娜追夢，一起上了天堂。無數人落淚緬懷他，其中就屬他的偶像喬丹最具代表性。

　　「柯比贏了！就是因為他，接下來肯定會看到喬丹痛哭的表情包，這都是柯比・布萊恩幹的好事。」喬丹在追思會上情緒複雜地說道。

　　柯比的追思會上，喬丹上臺致詞絕對是最具代表性的，因為柯比畢生追求的目標就是這位老大哥；而喬丹自然也視他為值得期待的後輩，畢竟從柯比十八歲起就能感受得到他的企圖心。而且喬丹很清楚，柯比真的想成為最好的籃球員。

　　喬丹又說：「不管在球場還是人生旅途中，柯比毫不保留地奉獻了他自己。我和柯比是非常親密的朋友，他就像我的親弟弟一樣，而每個人總是在比較我們。他會在三更半夜傳訊息吵我，找我聊三角戰術，我從覺得這小子真煩，慢慢轉為討論的熱情，因為我知道他有愛，才會如此渴望。柯比是一個真心在乎比賽的人，他想成為最好的自己，而當我認識他之後，我也變得想成為他最好的大哥。」

　　柯比的離開，對於籃球界等領域都是重大的損失，因為他

的曼巴精神是如此迷人。喬丹就說：「我很確定所有認識柯比的人都很清楚他曾經如何影響了你，即使他可能一度是你的眼中釘，但你肯定對他也有愛的感覺。因為他總是能激發出最好的你，他對我就是如此。

「柯比是個在場上不會有所保留的人，我想他也希望我們能做到。沒人知道我們還剩多少時間，所以我們要活在當下，享受當下，陪伴所愛的人。柯比去世了，我感覺內心彷彿一部分也死去了。我想這座球館裡所有人體內也有一部分就此消逝。」

如同喬丹所言，許多人的身心因柯比的死而大受打擊，但也因為愛著柯比、深深了解他的精神，最終仍會重新振作起來。柯比的離開並不是終點，或許對於一些人來說更像是一種催化劑；因為對於那些信奉曼巴精神的人來說，向柯比致上最高敬意的方式，就是要證明他的離開並不影響後人對曼巴精神的緬懷與崇敬。

曼巴精神不會結束。他的影響力永不停歇。激勵身旁的人、留給世人的精神態度，促使人們身體力行的堅毅不拔，我想這就是他最為偉大且難以被取代的原因。

柯比・布萊恩這個名字已經成為一種精神，是早已遠遠超出籃球本質的存在。

而無論你愛他抑或恨他，你永遠不會忘記他那風華絕代的傳奇身影。

柯比‧布萊恩用籃球挑戰人生

從童年到退休，超越極限和成就團隊的 **24** 種態度

作者	HBK（林聖淵）
主編	劉偉嘉
特約編輯	周奕君
校對	魏秋綢
排版	謝宜欣
封面	萬勝安
社長	郭重興
發行人兼出版總監	曾大福
出版	真文化／遠足文化事業股份有限公司
發行	遠足文化事業股份有限公司
地址	231 新北市新店區民權路 108 之 2 號 9 樓
電話	02-22181417
傳真	02-22181009
Email	service@bookrep.com.tw
郵撥帳號	19504465 遠足文化事業股份有限公司
客服專線	0800221029
法律顧問	華陽國際專利商標事務所　蘇文生律師
印刷	成陽印刷股份有限公司
初版	2022 年 4 月
定價	360 元
ISBN	978-986-06783-8-3

歡迎團體訂購，另有優惠，請洽業務部 (02)2218-1417 分機 1124、1135

特別聲明：有關本書中的言論內容，不代表本公司／出版集團的立場及意見，由作者自行承擔文責。

國家圖書館出版品預行編目 (CIP) 資料

柯比‧布萊恩用籃球挑戰人生：從童年到退休，超越極限和成就
團隊的 24 種態度／HBK（林聖淵）作 .-- 初版 .-- 新北市：
真文化出版：遠足文化事業股份有限公司發行, 2022.04
面；公分 --（認真生活；11）
ISBN 978-986-06783-8-3（平裝）
1. CST: 布萊恩 (Bryant, Kobe, 1978-) 2. CST: 運動員 3. CST: 職業籃球
4. CST: 傳記 5. CST: 美國
785.28　　　　　　　　　　　　　　　　　　111003973